高校师范生教学能力培养与提升

张宏韬◎著

吉林出版集团股份有限公司

全国百佳图书出版单位

图书在版编目（CIP）数据

高校师范生教学能力培养与提升 / 张宏韬著 .
长春 : 吉林出版集团股份有限公司 , 2025.1 . —— ISBN
978-7-5731-5685-3

Ⅰ . G659.2

中国国家版本馆 CIP 数据核字第 2024D4T601 号

高校师范生教学能力培养与提升

GAOXIAO SHIFANSHENG JIAOXUE NENGLI PEIYANG YU TISHENG

著 者	张宏韬	
责任编辑	黄 群 杜 琳	
封面设计	李 伟	
开 本	710mm×1000mm	1/16
字 数	200 千	
印 张	11	
版 次	2025 年 1 月第 1 版	
印 次	2025 年 1 月第 1 次印刷	
印 刷	天津和萱印刷有限公司	

出 版	吉林出版集团股份有限公司
发 行	吉林出版集团股份有限公司
地 址	吉林省长春市福祉大路 5788 号
邮 编	130000
电 话	0431-81629968
邮 箱	11915286@qq.com
书 号	ISBN 978-7-5731-5685-3
定 价	66.00 元

前　言

教育具有社会性，是一定社会发展的产物；反过来，它又是一定社会发展的基础。在新时代，党和国家高度重视教育。办好人民满意的教育，不仅是党和国家的发展诉求，还是广大人民群众的深切期盼。

教师教育在科教兴国和人才强国战略中发挥着极其重要的作用。师范教育是教育的重要组成部分，师范教育的主要任务和使命在于为基础教育发展培养合格的师资力量。师范毕业生是师范院校办学的重要"产品"。从基础教育持续发展的角度看，需要师范院校持续不断地为基础教育输送合格师资，保障基础教育师资队伍的稳定性、发展性和可持续性。从师范院校人才培养过程的角度看，师范生的培养是一项复杂的系统工程。

本书共分为七章：第一章为高校师范生教学能力概述，共分为三节，分别是高校师范生教学能力的构成分析、高校师范生教学能力的发展、高校师范生教学能力的培养策略；第二章为高校师范生基本教学能力培养，共分为四节，分别是高校师范生阅读能力培养、高校师范生听能力培养、高校师范生口语表达能力培养、高校师范生写作能力培养；第三章为高校师范生组织教学能力培养，共分为两节，分别是高校师范生组织教学能力概述、高校师范生组织教学能力培养的形式与方法；第四章为高校师范生教学创新能力培养，共分为三节，分别是高校师范生创新教学理念能力培养、高校师范生创新教学方法能力培养、高校师范生创新教学手段能力培养；第五章为高校师范生教学实习能力培养，共分为三节，分别是高校师范生教学实习的准备、高校师范生上课与课后指导、高校师范生教学实习的总结；第六章为高校师范生信息化教学能力培养，共分为三节，分别是高校师范生信息化教学能力的概述、高校师范生信息化教学能力培养对策、高校师范生信息化教学能力培养的启示；第七章为构建高校师范生教学能力提升体系，共分为三节，分别是构建师范生教学能力提升课程教学体系、构建师范生教学能力提升实践教学体系、构建师范生教学能力提升质量评价体系。

在撰写本书的过程中，作者参考了大量学术文献，得到了许多学者的帮助，在此表示真诚感谢！但由于作者水平有限，书中难免会有疏漏之处，希望广大同行指正。

张宏韬

2024 年 3 月

目 录

第一章　高校师范生教学能力概述

本章为高校师范生教学能力概述，共分为三节，分别是高校师范生教学能力的构成分析、高校师范生教学能力的发展、高校师范生教学能力的培养策略。只有在了解高校师范生教学能力的基础上，才能更有针对性地进行能力的培养与提升。

第一节　高校师范生教学能力的构成分析

师范生即教育专业的学生，未来将以教师为职业。师范生的教学能力是师范生综合能力素养的重要组成部分，在师范生教学中起着重要作用，直接关系着未来教学的质量。

一、师范生的能力概述

（一）能力的概念辨析

能力指胜任某项任务的主观条件。能力不是天生的，而是以个人的生理和心理素质为基础，在认识和实践活动中形成的、发展的完成某种任务的能动力量。个体在某方面能力的形成与个体的生理机能和心理作用以及社会文化因素等息息相关。能力是体力和智力的有机结合，物质和精神的动态统一。

在使用"能力"一词时，人们常将其与智力、素质、知识、技能的概念相混淆。下面将对能力、智力、素质、知识、技能的概念加以区分，明晰能力的概念及特点，以便读者更好地理解能力的概念与内涵。

1. 能力与智力的概念辨析

智力是人脑对客观事物的现象及其规律的反应能力，属于个体认知方面的能力。能力与智力之间存在极其密切的联系。一方面，智力是能力的重要组成部分，在个体能力的构成和发展中起着关键作用。智力是能力的外在表现，个体的智力高低直接决定着个体能力高低。如果个体智力较高，那么可能会表现出较高的能力；相反，如果个体智力较低，那么个体的能力会受到一定的限制。另一方面，智力不等于能力。除了智力，个体的能力还受兴趣、情感、意志等非智力因素影响。

了解能力与智力的概念异同，以及能力与智力之间的关系，对高校师范生至关重要。高校师范生经过层层选拔进入师范院校或综合院校学习，其智力水平相对较高。高校师范生要想成为一名合格的教师，不仅需要提升教育教学能力，还需要勤于学习、精于思考，保持良好的智力水平。同时，要勇于实践，在实践中不断拓展知识的边界。此外，师范生作为未来的教师，了解能力与智力之间的关系，在走上教师岗位后可以将学生的智力开发与个性培养结合起来，通过开发学生的智力，培养学生健全的心理和良好的个性，为学生的能力发展创造有利条件。

2. 能力与素质的概念辨析

素质指事物本来的性质和基础，人的素质指人所具有的从事某种活动的生理、心理条件或身心发展水平。其中包括人的先天禀赋和被内化的后天的教育诸多因素。个体素质与能力之间的关系极其复杂。

其一，个体素质包括个体生理素质和心理素质两个方面。个体素质和能力的构成因素相同，而且个体素质是个体能力产生和发展的前提和基础。如果个体不具备某种素质，就难以形成相应的能力。此外，即使个体已经具备了某种素质，也必须经过实践才能形成某种能力。例如，个体具备了游泳的基本生理和心理素质，如果不经过实践，也无法具备游泳的能力。

其二，个体素质对能力的形成和发展存在导向和制约作用。这就要求教师在教学中因材施教，注意培养和发展学生的个性和特长。同时，又要坚持社会主义建设者和接班人的培养目标，注重培养学生的创新精神和实践能力，提高学生的综合素质。

其三，素质和能力具有可变性。个体的素质和能力均可通过后天的培养和教育养成。在一定条件下，个体的能力与素质之间存在正相关关系，个体能力随素质的提高而不断发展。

师范生了解能力与素质概念的异同，以及能力与素质之间的关系，有助于在学习和实践阶段有意识地提高自身各方面的素质，不断提升综合能力。同时，有助于其以后走上教师工作岗位后正确培养学生的能力和素质，不断促进学生的能力与素质的发展。

3. 能力与知识的概念辨析

知识是对事物属性与联系的认识，表现为对事物的知觉、表象、概念、法则等心理形式，可以通过书籍和其他人造物独立于个体之外。知识是人类在实践中认识客观世界（包括人类自身）的成果，包括事实、信息的描述或在教育和实践中获得的技能，是人类在认识和改造世界的过程中的经验总结。知识和能力之间存在较为紧密的联系，主要表现在两个方面：一方面，知识是能力形成和发展的基础。个体只有掌握了某一领域内客观事物的发展规律及其与特定活动对象之间的内在联系，才能具备某种能力，相反，如果个体缺乏某一领域的知识，就无法形成某种能力；另一方面，能力能够促进个体对知识的掌握和运用。能力是个体获取知识和运用知识的必要条件。一般来说，个体具有的能力越高，其所获得的知识越渊博。知识只有经过实践才能转化为能力，没有实践，个体的知识再丰富，也不能提升个体相应的能力。

师范生了解了能力与知识概念的区别后，在自身能力培养方面，应当注重自身知识的积累，也要积极参加实践活动，只有这样，才能提升教育教学能力。

4. 能力与技能的概念辨析

技能是指人们按照某种规则掌握各种专门技术的运作方式。技能是在一定的生理条件下，在心理活动的支配下，按照某种要求，经过反复练习而形成，并通过人的外在的、固定的活动方式，即"规定动作"表现出来。能力与技能之间的主要区别在于，技能是人们通过后天的学习和效仿获得，而能力是通过培养获得，能力一般很难通过学习和效仿获得。

能力与技能之间存在紧密的联系，主要表现在两个方面：一方面，能力可以促进技能的形成；另一方面，技能可以推动能力的进一步发展。

师范生了解能力与技能的概念及其关系，能够激励自己正确处理二者之间的联系，不断加强自身学习能力、实践能力的锻炼，学习和掌握教学技能，提升教学能力。

（二）教师知识结构概述

知识在能力的形成和发展中起着极其重要的作用。师范生的知识结构与能力体系的构成，直接关系着师范生未来从事教师职业的综合素养，以及师范生的教育教学能力的形成与发展。

师范生作为未来的教师，应当具备教师的知识体系。20 世纪下半叶以来，相关学者从不同角度出发，对教师应当具备的知识体系进行了深刻的分析与研究，并提出了不同的观点。

国外具有代表性的教师知识构成如表 1-1-1 所示：

表 1-1-1　国外具有代表性的教师知识构成

研究者	教师知识分类
李·舒尔曼	①一般教学知识 ②关于学生的知识 ③学科知识 ④教学内容知识 ⑤其他内容知识 ⑥关于课程的知识 ⑦教育目标的知识
雷诺兹	①有关任教学科的知识 ②有关教学理念的知识 ③有关学生与学习的知识 ④有关教师组织与管理的知识 ⑤有关教学的社会、政治、文化背景等知识 ⑥有关特殊儿童的知识 ⑦有关课程的知识 ⑧有关评价的知识 ⑨有关各学科特有的教学知识 ⑩有关阅读及写作的教学知识 ⑪有关数学方面的教学知识 ⑫有关人际沟通、协调合作的知识 ⑬有关教师的法定权利与义务的知识 ⑭有关教学的道德与伦理的知识
格拉斯曼	①学科知识 ②一般教学知识 ③学科教学知识 ④背景知识

除了上表中的观点外，国内外学者在此基础上还对教师的知识结构进行了多角度的分析，在此不再展开论述。国外教育家对教师知识的划分，既包含通用性

知识，也包含学科专业知识；既包含理论知识，也包含大量实践性知识。

本书在借鉴国内外学者关于教师知识结构划分的基础上，将师范生的知识结构划分为通识性知识、学科专业知识、教育理论知识和实践性知识四种类型。师范生的知识构成是师范生能力素养形成的基础和前提。

师范生的知识构成如表 1-1-2 所示：

表 1-1-2　师范生的知识构成

类　型	构　成	分　类
通识性知识	哲学知识	包括国内外哲学基础知识，掌握哲学的一般原理，重点关注教学哲学、科学哲学等
	自然科学知识	包括科学常识、现代自然科学的基本知识及其研究方法、最新研究方向和成果等
	社会科学知识	包括政治学、经济学、社会学、法学、历史学、管理学等
学科专业知识	学科基础知识	包括学科体系的基本理论、基本规律、基本概念、基本技能、基本资料、基本工具等
	学科前沿知识	包括学科专业的发展前景、教育教学新理念和新方法等
	学科教学知识	包括教学的学科内容知识、教学情境知识、教学方法知识、教学评价知识等
教育理论知识	教育学基础知识	包括教育基本理论、教育史、教育管理学、教育法学、比较教育、现代教育技术等
	心理学基础知识	包括教育心理学、学习心理学、社会心理学、创造心理学等
	教学论知识	包括教学论概论、教学目标、教学内容、教学过程、教学方法、教学手段、教学组织形式、教学评价、教学模式等
实践性知识	教学策略知识	包括师范生对学科内容、学科教学法、教育学等理论知识的理解、把握和运用
	教学情境知识	包括师范生对教学情境的认知、把握、应对等
	人际知识	包括师范生间的人际知识、教师之间的人际知识、教师和家长之间的人际知识等
	自我知识	包括师范生对自我概念的把握、自我评估、自我教学效能、自我调节的认知等

（三）师范生的能力

师范生的能力是指其未来从事教师职业应当具备的职业能力。师范生的能力构成包括教学能力、教育管理能力、教育研究与创新能力。

二、师范生教学能力的构成

教学能力是指师范生从事教师职业应当具备的职业能力。教师构建了广博的知识结构，在提升自身整体知识素养之后，还应具备较强的综合能力，这样才能更好地胜任教育教学工作。教学能力是由多种单项能力组成的和谐统一的整体，缺少任何一种有机组成部分，都会对教师的教学质量产生影响。教学能力体系的研究是近现代教育学科的重要内容之一。

教学能力体系研究萌芽于 19 世纪。20 世纪 80 年代后，伴随全球教育改革，各国对教育质量越来越重视，一些学者开始对教师的教学能力进行深入研究，并取得了一系列研究成果。进入 21 世纪，我国关于教师教学能力的研究呈现出系统化、以人为本、以教师专业发展为主的特点。

根据教师教学能力的功能和适用范围的不同，可以将教学能力划分为基础能力、教育能力、教师的班级管理能力、教师的教学能力以及教师的自我完善和发展能力五个方面。

教师在教学中需要应用各种教学技能。中西方学者根据不同分类标准，对教师的教学能力进行了细分，下面仅对具有代表性的教师教学能力的观点进行介绍。

教师的教学能力分类如表 1-1-3 所示：

表 1-1-3　教师的教学能力分类

	类　型	能　力
国外教学能力研究	英国微格教学工作者特洛特 六种能力（侧重课堂教学能力）	①变化的能力 ②导入的能力 ③强化的能力 ④提问的能力 ⑤例证的能力 ⑥说明的能力

续表

	类　型	能　力
国外教学能力研究	澳大利亚悉尼大学 五种能力	①强化能力、低级提问能力、变化的能力 ②讲解能力、导入和结束的能力、高级提问能力 ③课堂管理和纪律控制能力 ④讨论指导能力、小组教学能力、个别化教学能力 ⑤掌握学习教学的能力，培养学生创造能力和发展学生思维能力
	日本微格教育工作者 九种能力（侧重课堂教学能力）	①导入能力 ②展开能力 ③变化能力 ④总结能力 ⑤例证能力 ⑥确认能力 ⑦演示能力 ⑧板书能力 ⑨提问能力
	美国斯坦福大学艾伦和瑞安 十四种能力	①刺激多样化 ②导入 ③总结 ④非语言性启发 ⑤强调学生参与 ⑥流畅提问 ⑦探索性提问 ⑧高水平提问 ⑨分散性提问 ⑩确认和辨析专注行为 ⑪图解的范例应用 ⑫运用材料 ⑬有计划的重复 ⑭交流的完整性

续表

	类　　型	能　　力
国内教学能力研究	《高等师范学校学生的教师职业技能训练大纲》 五项基本能力	①教学设计 ②使用教学媒体 ③课堂教学 ④组织和指导课外活动 ⑤教学研究
	《现代教学基本能力》 两类教学能力	①课堂教学的前期准备能力 ②课堂教学的基本能力
	中国微格教学工作者 十种教学能力（侧重课堂教学能力）	①导入能力 ②教学语言能力 ③板书能力 ④教态变化能力 ⑤演示能力 ⑥讲解能力 ⑦提问能力 ⑧反馈强化能力 ⑨结束能力 ⑩组织教学能力

本书在国内外学者对教师教学能力研究的基础上，将教师教学能力分为三大类，即基本教学能力、一般教学能力和教学创新能力。师范生作为未来的教师，应当学习和掌握专业的教学能力。

（一）师范生的基本教学能力

师范生的基本教学能力主要包括朗读能力、听评能力和书写能力。

1. 朗读能力

朗读和吟诵是教学中不可缺少的内容。朗读是学习和练习普通话语音的重要方法，对提高学生的普通话水平起着极其关键的作用。朗读也是培养学习者说话能力和写作能力的有效方法。在教学中，教师通过声情并茂的朗读可以吸引学生的注意力，激发学生的学习兴趣，帮助学生加深对课文的理解，提升学生的审美能力和写作能力。

朗读在教学中的应用十分广泛，是教学中经常使用的教学手段之一。教师在朗读过程中既要保证发音准确、吐字清晰无误，也要注意朗读的速度、语调和节奏，在朗读过程中准确表情达意，唤起学生的内心视像，将文章中的文字形象转化为听觉形象，从而使学生受到较强的感染和陶冶。

高校师范生作为未来的教师，承担着普及和传播汉语言文字和汉语言文学的重要责任。因此，高校师范生应掌握课文朗读的技巧和具备较高的朗读能力。

2. 听评能力

听评能力是师范生应当掌握的基本教学能力之一。师范生在教学中不仅要具备"听"的能力，通过"听"进行判断和学习，还要具备"评"的能力。

师范生的听评能力是由教师的职能决定的。教师在教学过程中，一方面，应对学生的朗读、背诵、复述、答问、作文等内容进行听评，对学生的学习效果进行检验；另一方面，应该经常听评其他教师授课，以实现教师间相互学习、相互提高的目的。

针对两种不同的听评对象，师范生应从不同的立场与目的出发，对"听"的效果进行及时、迅速、准确和全面的评价。针对学生学习内容的听评，师范生应当在肯定学生的进步和优点的同时，实事求是地指出学生的不足之处，以便达到帮助学生提高认知、克服缺点，鼓励和调动学生学习积极性的目的。而针对其他教师的听评，则应紧扣听评课的目的，在保证内容准确的基础上，保持诚恳的态度，做出客观真实的评价。值得注意的是，师范生的听评能力属于实践能力，想要形成和提高，必须经过大量实践。

3. 书写能力

师范生的书写能力既包括字体书写的流畅、优美，也包括写作能力。师范生的书写能力是由教师的职业标准决定的。21世纪以来，我国教育部门提出一系列关于教师的专业素质要求，其中就包括对教师字体书写技能的要求。

（1）教师的"三笔字"书写技能

师范生"三笔字"书写的相关政策如表1-1-4所示：

表1-1-4　师范生"三笔字"政策一览表

年　份	政　策	要　求
2000年	《中华人民共和国国家通用语言文字法》	学校及其他教育机构通过汉语言课程教授普通话和规范汉字

续表

年　份	政　策	要　求
2010 年	《关于开展规范汉字书写教育特色学校建设的通知》	高度重视教师规范汉字书写基本功训练，对全校教师进行经常性的粉笔、钢笔、毛笔的"三笔字"书写培训
2011 年	《教育部关于大力推进教师教育课程改革的意见》	加强教师教育职业基本技能训练，其中包含教师的"三笔字"书写
2012 年	《幼儿园教师专业标准（试行）》《小学教师专业标准（试行）》《中学教师专业标准（试行）》	规范书写钢笔字、粉笔字、毛笔字
2013 年	《中小学书法教育指导纲要》	发挥教师的示范作用，各科教师都要在板书、作业批改和日常书写中发挥表率作用，成为学生认真书写的榜样
2017 年	《中小学幼儿园教师培训课程指导标准（义务教育语文学科教学）》	其中包括不同学段的硬笔书写、毛笔字临摹、粉笔字书写的具体要求
2018 年	《关于全面深化新时代教师队伍建设改革的意见》	根据基础教育改革发展需要，以实践为导向，优化教师教育课程体系，强化钢笔字、毛笔字、粉笔字的"三笔字"和普通话的教学基本功和教学技能训练

（2）教师的写作技能

教师在工作中除了备教案，还要在教学中指导学生写作业；除了给学生写作评语，还要撰写大量的教学科研成果，这些均要求教师具备较高的写作技能。教案和科研成果的写作，可以促进教师进行教学反思，进而形成以写促教、以写促读、以写促思、以写促写的良性循环，促进教师不断成长和发展。

师范生作为未来的教师，应当不断提升"三笔字"书写技能和写作技能，锻炼写作能力。唯有如此，才能提升教师素养，成长为一名合格的教师。

（二）师范生的一般教学能力

师范生的一般教学能力包括师范生备课的能力、组织课堂教学的能力以及进行教学评价和反馈的能力。

1. 备课的能力

师范生的备课能力是其教学能力的重要组成部分，也是师范生必须掌握的教学技能。备课包括备课标、备教材、备教具、备学生、备教法、备板书、备作业、备预设。

师范生的备课过程是对师范生各项能力的综合考查。在这一过程中，师范生应当具备较强的驾驭和解读课本的能力、吸收融合的能力以及进行课堂教学设计的能力。

（1）驾驭和解读课本的能力

其一，理解课程标准的能力。我国教育部有关部门为了帮助教师精准把握教学目标，通常在教材上标明了课程的性质、目标和内容框架，并且对课程教学提出了建议。师范生在进行教学时，应通过研读教材，充分理解课程和中国传统文化课程的教学标准。唯有如此，才能结合课程标准更好地理解教材和把握教材的重点与难点，在组织课堂教学和进行教学评价时有的放矢。

其二，钻研教材、解读文本的能力。教材的整体篇目编排、单元篇目编排均具有一定的规律性，与学生各个阶段的认知规律息息相关。师范生只有具备钻研教材和解读文本的能力，才能深入理解教材，并在此基础上寻找合适的教学方法，带领学生深入、透彻地解读文本，引导学生理解教材的内容，掌握其中的知识点。

（2）吸收融合的能力

教材按照一定的顺序或原则进行编排，教材中选用的文章具有较强的代表性，同时每篇教材组织之间具有较强的灵活性，并非缺一不可。学习是一个综合的过程，任何教材中均可能涉及汉字文化、天文知识、哲学文化、地理知识、历史和政治知识等多样化的知识内容。师范生在解读教材时，还应具备较强的吸收和融合的能力。

在实际备课中，师范生需要对教材中涉及的知识点进行整合与吸收，并且从中找出与教学目标相关的知识点作为重点。同时从学生的认知阶段和认知规律出发，对知识点的难易程度进行划分。在此基础上进行教学设计，才能更好地引导学生透过文章理解和掌握其中涉及的多元化知识。

（3）进行课堂教学设计的能力

师范生的课堂教学设计的能力可细分为教学目标的设计能力、教学内容的设计能力和教学过程的设计能力。

其一，教学目标的设计能力。师范生应结合教学总目标、单元教学目标和具体篇章教学目标，根据学生的具体学情进行教学设计。在进行教学设计时，一方面，应关注学生的智力发展目标；另一方面，应关注学生的非智力发展目标，引导学生体会学习内容的语言美、逻辑美、文化精神美等。为了实现这一教学目标，师范生在对具体教材篇目进行教学设计时，往往会将教学目标分成多个层次，有时需要多个教学活动才能达成教学目标。

其二，教学内容的设计能力。确定了教学目标之后，师范生需要对教学内容进行设计。根据教学目标，对教学内容进行层次和梯度的划分，引导学生循序渐进地达成教学目标。师范生在教学时应结合大多数学生的认知基础和认知规律，对该篇教学内容进行分层设计，按照先易后难的顺序，逐层实现教学目标。

其三，教学过程的设计能力。教学过程的设计即教学活动开展过程的设计。师范生进行教学过程的设计时，应通过导入语设计，课文展开设计，课文知识点、重点和难点的总结设计，问题设计等逐步实现教学目标。除此之外，师范生还应预估课堂上的突发状况并进行设计。

师范生的教学过程设计能力的高低直接关系着能否创设良好的教学情境，以及课堂教学实践能否落实，教学目标能否实现。师范生只有具备较强的教学过程设计能力，才能不断提高教学效果。

2. 组织课堂教学的能力

课堂教学的组织实践是达成教学目标不可缺少的环节。课堂教学实施之前的活动均属于准备活动，为课堂教学的实施服务。课堂教学的组织和实施能力是教师的必备技能之一，师范生作为准教师，理应具备组织课堂教学的能力。

课堂教学并非教师照本宣科，而是需要教师在教学中通过对学生的引导，激发学生的学习兴趣、学习欲望和学习积极性、主动性的过程。课堂教学的过程是教师和学生的互动过程。在这一过程中，师范生组织课堂教学的能力又可细分为创设教学情境的能力、选择适当教学方法的能力、把控课堂节奏的能力以及较强的教学应变能力。

（1）创设教学情境的能力

师范生在组织教学活动时，应通过导入语、提问等教学辅助措施创设有效的课堂情境，从而激发学生的学习兴趣，营造良好的教学氛围。师范生创设教学情境的能力具体可细化为激发学生兴趣的能力、促进学生参与的能力、举例和设疑的能力、教师与学生进行沟通的能力等。

（2）选择适当教学方法的能力

教学有法，教无定法。师范生在组织课堂教学活动时，应选择合适的教学方法。教学方法并不存在优劣之分，只要符合学生的认知特点，能够激发学生的学习兴趣，达到良好的教育效果即可。

（3）把控课堂节奏的能力

教学过程是教师引导学生进行的一项知识认知活动，也是一项情感性较强的活动。在教学过程中，师范生应具备较强的课堂节奏的把控能力，通过张弛有度的课堂控制，对学生的情绪进行调动，不能让课堂氛围过于呆板而缺乏生气，抑制学生的学习积极性；反之，也不能使课堂氛围过于活跃而变得散漫，导致教师无法完成教学进度。良好的课堂节奏应当张弛有度，确保学生保持较为积极和活跃的状态，在达成教学目标的同时，提高学生的综合素质。

（4）较强的教学应变能力

教学实践过程是教师与学生互动的过程，而非教师照本宣科的独角戏。在教与学的互动过程中，无论教师在组织教学活动之前做的准备工作如何，在教学实践中都会出现各种突发状况。例如，根据教师已经制订好的教学计划，一节课需要讲解 3 个知识点。然而在组织教学活动中，教师可能发现学生无法理解其中的某个知识点，从而不得不在该知识点上花费大量时间。一旦出现这种状况，就有可能打乱课堂教学的节奏，无法完成教学目标。因此，师范生只有具备较强的教学应变能力，才能有效应对各种突发教学状况，并引导学生完成教学计划，保障教学效果。值得注意的是，教学应变能力只有在教学实践中才能培养。

3.进行教学评价和反馈的能力

教师除具备组织课堂内外教学活动的能力，还应具备较强的教学评价和反馈能力。师范生的教学评价和反馈能力包括师范生对自身和他人的教学进行评价的能力、组织教学检测的能力、收集学生教学反馈的能力。师范生的教学评价和反馈能力不仅能够提升自身的教学效果，还能提高学生的学习效率。

（三）师范生的教学创新能力

师范生的教学创新能力包括师范生创新教学理念的能力、创新教学方法的能力、创新教学手段的能力。

1. 创新教学理念的能力

教学理念是对教师的教与学生的学等一系列人才培养活动的基本想法和意念，是教育理念在教学活动中的反映。[①] 教师的教学活动均需遵循一定的教学理念。自 21 世纪以来，随着我国基础教育课程改革的深度推进，我国义务教育的教师不断进行教学探索和创新，并通过不断创新教学理念，推动学生全面发展。

师范生作为未来的教师，应具备较强的创新教学理念的能力，通过创新教学理念，探索更有利于学生学习的教学方式和方法，以达到全面提高学生素质和能力的目的。

2. 创新教学方法的能力

教学方法是教师提高教学质量、培养创新人才的重要途径。教学方法在教学过程中起着极其重要的作用。一般而言，教学的成败在很大程度上取决于教师是否能妥善地选择教学方法。近年来，随着我国基础教育课程改革的深化，有些传统的教学方法不再适用于教学，迫切需要教师在教学中不断创新教学方法。因此，师范生应当具备创新教学方法的能力。

3. 创新教学手段的能力

教学手段是师生在教学中相互传递信息的工具、媒介。纵观人类的教学手段，大体经历了口头语言、文字和书籍、印刷教材、电子视听设备、多媒体网络技术五个阶段。

进入 21 世纪，随着互联网通信技术的发展和应用，教学手段也日益先进。数字音像技术、卫星广播电视技术、多媒体计算机技术和人工智能技术、交互网络通信技术和虚拟现实仿真技术等现代信息技术被广泛应用于教育领域，极大地推动了教育信息化的发展。师范生为了适应现代教学的要求，应当提高教育信息化水平，在教学中不断创新教学手段，并且利用新技术创新教育方法，激发学生的学习兴趣，提升教学效果。

---

① 杨帆.两种教学理念比较及其对教师教育改革的意义 [D].苏州：苏州大学，2015.

第二节 高校师范生教学能力的发展

师范生教学能力的发展需要遵循教师发展的规律，本节主要对师范生教学能力发展的影响因素及其特点进行详细分析。

一、师范生教学能力发展的影响因素

师范生教学能力发展的影响因素可以分为内部因素和外部因素两个方面。

（一）师范生教学能力发展的内部影响因素

1. 师范生受师德意识影响

师范生教学能力的发展受其专业理念影响，如果师范生自身的师德意识淡薄，不能本着为教学工作服务和为学生服务的理念，在课前教学准备环节不能进行认真而有效的教学活动准备，在教学中不注重教学内容和教学方法的更新，无法满足学生的学习需求，将会导致教学能力无法提高；相反，如果师范生具有较强的专业理念和师德意识，在教学活动中认真对待每节课，认真进行备课，并且在教学中不仅进行知识传授，还进行道德培养，注重教育教学实践，师范生的教学能力将会得到较快发展。

2. 师范生受人际交往关系影响

师范生教学能力的发展可以分为实习前和实习期间两个阶段。在实习前阶段，应注重对教育理论知识的培养；在实习期间，则应注重对教学实践经验的培养。

教学活动不仅与师范生的专业水平有关，还与师范生在实习期间的种种表现以及人际交往有关。一些师范生的独立意识较强，崇尚人格独立，不注重人际关系交往。而且师范生在教学活动之余往往需要直面生活中的各种困境。当师范生对实习条件不满意，或对实习学校抱有不切实际的期望时，常常由于心理落差导致与其他师范生之间关系紧张。师范生的教学活动通常在实习学校这一特定的环境中产生，一旦师范生与实习学校同事之间关系紧张，就会对教学能力产生较大影响。

3. 师范生受教学实践活动影响

在师范生顶岗实习开始前，师范生的教学相关知识主要来源只有书本里的理论知识，没有转化成能够指导教学工作的实践性、个体性、缄默性知识。这个时期的师范生对这些知识要素的把握常常停留在表面的、抽象的层面，没有深入地把这些知识的本质融会贯通，而且没有具体的实践经验做支撑，自然很难提高教学监控能力和教学效率。

在实习期间，师范生能够在教学实践中增加各种知识要素的储备量，促使各种知识要素互相渗透和融合，使联系变得更加紧密。此外，在教学实践活动中，师范生能够与优秀的、有经验的教师进行交流学习，直接获得来源于一线教师的实践经验，不仅能够丰富自身的专业知识，也能够加深对学科的理解。一线教师的实践经验能够更好地指导师范生在具体的实践中解决实际问题，促进师范生的教学能力得到全面提升。

（二）师范生教学能力发展的外部影响因素

师范生教学能力的外部影响因素主要表现为实习学校、师范院校对师范生的影响。师范生教学能力的发展具有较强的场所性和阶段性特点，师范生教学能力发展的外部影响因素大体可以分为师范院校阶段和实习学校阶段。

在师范院校阶段，师范院校对师范生教学能力的重视程度、开设的课程对师范生教学能力的发展有着重要影响。

在实习学校阶段，师范生作为未来的教师，在实习基地开展工作，实习基地也就是师范生的准工作场所，教育实习工作场所在教育活动中起着十分重要的作用。师范生在教育实习工作场所，即实习学校的学习具有学习和工作的双重性质。一方面，师范生在实习学校的实习过程中全程接受指导教师的指导，从中学习教育实践知识；另一方面，师范生在实习学校的实习中承担任课教师或实习班主任的工作职责。

师范生在实习工作中的学习对象是人，师范生在实习过程中，既向指导教师学习，也向实习学校的其他任课教师学习；既向学生学习，也向家长学习；既向其他师范实习生学习，也进行自我学习。师范生在实习场所的学习往往由师范院校的指导教师和实习学校的指导教师共同指导。此外，师范生在实习学校实习期间往往还穿插着大学教育，如写教育实践论文、进行教育实践调研等。

师范生在实习学校的实习活动，需要获得大量外界资源的支持，具体包括师范院校的支持和实习学校的支持，师范院校实习活动的组织者对实习活动的组织、管理以及实习学校的指导教师、任课教师、学校管理层、学生家长等的支持。唯有如此，才能推动师范生教学能力的发展。

二、师范生教学能力发展的特点

（一）师范生教学能力发展的自主性

师范生教学能力发展的自主性是指师范生作为独立的个体，具有自我发展的意识和动力，能够自觉自主地通过不断学习、实践、反思、探索，提升自身的教学能力。

师范生教学能力的发展与其自身的职业期待、职业态度以及对教学能力的重视程度有较大关系。如果师范生的自主性较强，能够保持较为积极的学习态度，并且在教学理论、知识学习以及教学实践过程中不断反思、探索，则其教学能力发展相对较快；反之，如果师范生的教学能力发展自主意识不强，教育教学理论知识不扎实，不能全身心地投入到教学实践中，则其教学能力不能得到有效提升与发展。

（二）师范生教学能力发展的阶段性和连续性

师范生的教学能力并非一蹴而就，而是逐渐培养和提升的。从师范生的学习生涯来看，师范生教学能力发展具有阶段性和连续性并存的特点。

1. 师范生教学能力发展的阶段性

师范生教学能力的培养既包括师范生的教育理论知识培养，也包括教育实践培养。在高校师范教育中，理论知识教育和实践教育存在一定的阶段性。当师范生受到理论知识教育而未受到实践教育时，其已然具备了一定的教学能力。在教育实践阶段，师范生的教学能力会呈现较大提升。因此，从师范生的教学阶段来看，师范生的教学能力发展存在阶段性特点。

2. 师范生教学能力发展的连续性

在长时间的实践教学中，师范生可以将所学的理论知识转化为自身的经验，并通过不断反思、探索与创新，教学能力会在一定时间内呈现出持续发展的特点。

从师范生教学能力发展的阶段性和连续性来看，师范生教学能力的发展处于循序渐进的状态，贯穿于师范生的理论和实践学习生涯。

（三）师范生教学能力发展的环境性和情境性

1. 师范生教学能力发展的环境性

师范生教学能力提升和发展的环境性，是指师范生教学能力的发展与其所在的外在师范学校环境和实习学校环境之间存在较为紧密的联系。如果师范生所在的师范学校的学习氛围良好，将为师范生教学能力的提升创设良好的教学环境。例如，师范院校经常举行师范生教学评比大赛、师范生说课比赛等，可以在校园营造良好的氛围，有利于师范生积极主动地学习教学相关知识，从而提升教学能力。

此外，如果师范生在实习学校进行实践教学期间能够得到良好的教学实践指导，则有利于提升师范生的教学能力；反之，如果师范生所在师范学校和实习学校不能为其创设良好的学习环境，师范生的教学能力发展将相对缓慢。

2. 师范生教学能力发展的情境性

师范生教学能力的大幅度提升，必须在特定实践场景中才能实现。教学活动具有较强的实践性特点，师范生只有在具备充足理论知识的基础上进行大量实践，才能获得专业提升；否则，仅具有大量专业理论知识而不进行教学实践，则无法对已经获得的教学理论进行反思，也无法进行教学创新，从而无法促进教学能力的提升。

教学情境十分复杂，充满变化，教师与学生之间的合作与交流，与同事以及与家长之间的合作，均使教师处于一种合作关系中，只有在实践中不断进行协调，才能建立良好的相互合作的文化，从而促进师范生不断积累教学经验，促进师范生教学能力的发展与提升。

（四）师范生教学能力发展的实践性

师范生的教育理论知识必须应用于教学实践中，并且在教学实践中经过检验才能真正被吸收，才能真正提高师范生的教学能力。在教学实践中，师范生的备课能力、教学设计能力、观察能力、判断能力、教学活动组织能力、评价能力、认知能力、情感交流与互动能力等才能获得发展与提升。由此可见，师范生教学能力发展具有较强的实践性特点。

师范生教学能力发展的实践性特点要求师范院校为师范生提供大量的实践机

会。例如，顶岗教育实习让师范生在长期的教学实践中不断提升教学能力，最终成长为一名合格的教师。

第三节　高校师范生教学能力的培养策略

师范生教学能力与教育教学理论知识、实践经验之间存在密切的联系。师范生教学能力的培养应从以下三个方面着手：

一、明确师范生教学能力培养方案

师范院校作为师范生的培养学校，应充分重视师范生教学能力的培养，从未来教师职业发展的角度制定师范生教学能力培养方案。具体来说，可从以下两个方面着手：

（一）紧跟国家相关政策制定师范生教学能力培养方案

2021年，教育部印发《小学教育专业师范生教师职业能力标准（试行）》等文件。这些文件中提出师范生需具备的四大能力：一是师德践行能力，包括遵守师德规范、涵养教育情怀两个方面。强调知行合一，从知、情、意、行等方面引导师范生贯彻党的教育方针，努力成为"四有"好老师。二是教学实践能力（其中学前教育专业为保育和教育实践能力），主要从掌握专业知识、学会教学设计、实施课程教学（学前教育专业为开展环境创设和游戏活动、实施教育活动）等方面对师范生教育教学实践所需的基本能力提出细化要求。三是综合育人能力，主要从开展班级指导、实施课程育人、组织活动育人等方面强调教育"育人为本"的本质要求，落实立德树人根本任务。四是自主发展能力，从注重专业成长、主动交流合作两个方面突出终身学习、自主发展，以及在学习共同体中不断提高专业水平的意识和能力。师范院校在制定师范生教学能力培养方案时，应以此为参考，合理统筹所开设的课程和课程方式。

（二）结合职业发展方向制定师范生教学能力培养方案

教师作为一种以人育人的职业，要具备专业知识，包括教育学知识、心理学知识、语文学科知识、实践知识等，以及较强的教学能力。师范院校可以以此为依据，结合中国特色社会主义教师职业发展的需求，制定师范生教学能力培养方案。

二、增加师范生专业理论和教育理论课程

师范院校培养的师范生主要侧重于掌握教育专业基本理论、基础知识、基本技能以及教育教学的基本方法，具备较强的教学能力、科研能力、实践能力和创新能力，能够从事教学工作及其他教育工作，要求其具有丰富的知识和教育理论知识。

一般而言，师范院校开设教学法、教育学、心理学等课程，这些课程有利于培养和提高师范生专业理论和教育理论水平。

三、强化师范生教学实践环节

教学是一种实践活动，师范生教学能力的发展必须经过实践才能达成。因此，师范生教学能力的发展必须通过强化师范生教学实践环节来实现。

我国大多数师范院校实行"双导师制"，由师范院校的指导教师和实习学校的指导教师共同对师范生进行实习指导。两类指导教师在实习活动中所起的作用并不相同，师范院校指导教师通常对师范生进行教育理论指导，并在师范生教学期间进行课堂教学检查和评价；实习学校指导教师则起着为师范生提供教学实践机会，帮助师范生改进教学，向师范生传授教学经验或班级管理经验，帮助师范生解决工作过程中遇到的各种问题或困难，参与实习生教育实习成绩评定，向师范院校负责人或师范院校指导教师提供实习生实习工作情况反馈的作用。由此可见，指导教师在师范生实习期间有着十分重要的作用。

（一）提高实习指导教师的水平

在师范生实习期间，实习指导教师的指导能力直接决定着师范生教学能力的发展质量。一般来说，教育实习指导教师应具备向师范生明确传达教育信息指令的能力、因材施教的能力、结合教学实际对师范生进行有针对性的指导的能力、及时反馈教学效果的能力、对师范生的实习工作进行客观评价的能力、引发师范

生在教学实践中进行反思的能力、指导师范生掌握教学技巧的能力等。只有提高实习指导教师的水平，才能推动师范生教学能力的发展。

（二）增强实习指导教师的责任意识

实习指导教师的责任意识是推动师范生教学能力发展的关键。一般来说，教师通常肩负着较重的教学压力，如果实习指导教师的责任意识较弱，在日常繁重的教学任务之余很难对师范生进行细致入微的指导，从而影响师范生教学能力的发展。除此之外，一些实习学校的指导教师由于思想较为保守，很难接受新的教育理念，在教育教学中仍然坚持使用多年前的教育理念，均会对师范生教学能力的发展产生较大影响。

（三）增强师范生的自我发展意识

师范生作为实习活动的主角，对教育实习的态度直接决定着实习质量。师范生对教育实习的期待值较高时，会对实习抱有积极态度，并且会在实习活动开始之前进行全面的职业规划，明确自身的长处与不足，制定清晰的实习目标，在教育实习中有针对性地了解教育相关信息，增加自身的学识和经验，推动自身教学能力快速提升。

综上所述，师范生教学能力的发展具有极其独特的特点，需要师范院校、实习学校以及师范生自身共同努力，全面推动师范生教学能力的发展。

第二章　高校师范生基本教学能力培养

本章为高校师范生基本教学能力培养，共分为四节，分别是高校师范生阅读能力培养、高校师范生听能力培养、高校师范生口语表达能力培养、高校师范生写作能力培养。

第一节　高校师范生阅读能力培养

师范生在培养自身的基本教学能力时，要注意对阅读能力的培养。师范生阅读能力是师范生运用自己的知识、经验有效地完成阅读活动的能力，是师范生学习、生活乃至今后工作必不可少的基本教学能力之一。师范生阅读能力主要包括对文章的认读能力、理解能力和鉴赏能力，其中理解能力是阅读能力的重点所在。对文章理解得是否准确全面、深刻透彻正是师范生阅读能力高低的表现。而师范生阅读能力的高低，主要取决于师范生自身已有的知识、经验等是否丰富。如果能够全面了解构成阅读能力的因素，掌握阅读的方式方法，有计划、有步骤地加强阅读能力培养，就会逐步提升师范生的阅读能力和教学能力。

一、师范生阅读能力概述

（一）师范生阅读能力的形成和基础

根据对阅读过程的纵向考察和阅读活动的生理机制及阅读中心理过程的特点，师范生阅读能力的形成和基础可以分解为以下三种成分：认读能力、理解能力和鉴赏能力。

1.认读能力

阅读过程是一个由形式到内容，再由内容到形式，在循环中使理解逐步深化的过程。当师范生拿起一本书或阅读一篇文章时，先遇到文字形式，通过文字符号了解别人的思想感情是阅读的特点。如果师范生对这些文字符号都不认识，阅读就无法进行。因此，认读能力在阅读活动中是最基本的能力。

认读可分为认和读两个方面，即记认文字符号和按语言结构阅读。

记认一定数量的汉字是认读能力的基础。识字，就是要全面掌握字的形、音、义。不掌握字的形、音，就不能识别文字符号，不掌握字的意义，就难以转化为语言信息。字义理解得越透彻，认读能力也就越高。

标点符号往往是文章语言单位的区分标志，如并列的词语或词组使用顿号，复句中的分句使用分号或逗号等。同时，标点符号能够表示一定的语气。如疑问句使用问号，感叹句使用感叹号等。因此，辨认标点符号可以正确区分文章中的语言单位，还可以体会文章所要表达的思想感情。

认读过程中的认读带有整体性。认读中对字形的辨认不是以笔画为单位，而是以字的整体为单位进行的。对于词语和句子的认读往往也是整体进行的，而不是一字一认。认读的整体性使文章的认读具有一定的速度，同时有利于理解。在对句子进行整体认读的过程中不能发生漏认现象，否则就会造成失误。如"他不上学不行"一句，不管漏认哪一个"不"字，句意都完全相反。

师范生要想在教学中正确地认读，应该做到以下四点：第一，准确。就是要正确地辨认每一个字和每一个标点符号，以及由它们组成的词语、句子，不错认和漏认。第二，辨认应该整体进行，速度适当。第三，移行准确，没有用手指点读的不良习惯。第四，注意眼睛健康。眼睛与文章保持一定距离，姿势正确。要做到以上四点，首先，阅读文章前要稳定自己的情绪，创设一种良好的阅读心境。其次，要集中自己的注意力，不能一边认读，一边想其他事，漫不经心，否则认读就不能准确。

2. 理解能力

阅读中的理解能力是指读者把感知的材料联系起来，利用原有的知识和经验，经过想象与联想、分析与综合、归纳与概括、判断与推理等一系列思维活动，了解文章本质含义的能力。它是从形式到内容的认识过程。理解能力是阅读能力的核心，是阅读的中心环节。阅读文章最基本的要求就是理解文章的内容。师范生要做到正确理解一篇文章，至少应该具备下列三个方面的理解能力：

第一，要具有正确理解词语含义的能力。理解语言，就要掌握语言的材料——

词语。词语是组成句子、句群、构成文章的最基本的单位。文章中的词语是随着要表达的思想而来的，同时思想内容是依靠词语来表达的。阅读中只有理解了每一个词语的意思，才能进一步理解句子乃至全篇文章的意思。理解词语，就是能准确地理解词的本义、比喻义、引申义、形象义以及感情色彩和语体色彩等。师范生既要理解词语反映的客观内容，又要理解词语的内涵。如"他们无聊，无知，无心肝，无廉耻，因为军阀们不懂得用人，只知道豢养奴才"一句中"豢养"一词，本义是"喂养牲畜"，这里比喻为"收买培植走狗和奴才"，只有抓住它的比喻义，才能正确理解这个词。再如"学习"一词，如果只理解为上学读书，按这样的理解去读毛泽东同志的《改造我们的学习》，就很难全面领会文章的精神实质。因此，师范生理解词语的能力包括准确理解字面所要表达的意思的能力，正确理解词语的感情色彩的能力和理解词语字面以外的意思，即理解词语话中话的能力。

第二，要具有理解各种语言构造的能力。师范生的理解能力除了理解语言的能力外，还有理解语言构造的能力。文章并不是由一堆互不相干的词语凑到一起构成的，而是根据作者表达思想的需要和语言本身的规律组织起来的。在任何一篇文章中，词与词组成句，句与句组成段，段与段组成篇，都不是随意组织的，它们都是按照作者所要表达的中心意思组织的。既然阅读的核心是理解作者的思想观点，而作者想什么和怎样想的，都是通过句、段、篇等语言构造来表达的。因此，师范生理解各种语言构造的能力是理解文章思想内容必不可少的能力。

第三，要具有理解文章各种表达方式的能力。文章中的思想观点往往用一定的表达方式表达，常用的表达方式有叙述、议论、说明、描写和抒情等。师范生只有准确地理解文章的各种表达方式，才能全面深刻地理解文章的思想内容，阅读也会变得更加有效。

3. 鉴赏能力

鉴赏能力是指对阅读材料的思想内容、表现形式、风格特点等方面进行鉴别和评价的能力。师范生对文章有了真正的理解后，还要进一步考虑作者的意见、看法；更要看作者的思想表达得是否准确。对的、好的就信服它、吸收它，不对的、不好的就批驳它、摈弃它。要做到这一点，只有理解能力是不够的，还需要有一定的鉴赏能力。鉴赏能力是师范生独立阅读书籍必须具有的基本能力。

书本和文章是别人实践的总结，这些语言形式和思想内容有的是正确的，有的是错误的，更多的则是正确和错误混杂在一起的，再加上时间、地点、条件的变化，对待书本和文章就需要更加慎重了。

师范生在阅读时具有鉴赏能力，能够使其像一个有识别香花、毒草能力的植物学家进入植物园那样去进行研究和鉴别工作，能够帮助其去摄取香花的精华和了解毒草的毒液在什么地方及有什么危害，能够使其在遇到任何奇花异草时都无所畏惧。这种鉴赏能力是培养师范生阅读能力的重要组成部分。

综上所述，具有一定的认读能力、理解能力和鉴赏能力，是师范生阅读能力的基础，是开展教学的关键。师范生的阅读能力是师范生在前期小学、中学阶段掌握一定的汉字量，广泛接触各类文章，通过阅读、理解分析，逐步掌握一定的阅读知识，到师范阶段，在理论和实践中又得到进一步提高，从而形成具有较高水平的阅读能力。

当然，构成师范生阅读能力的因素是多方面的，如师范生个人的生活经历、专业知识水平、政治思想水平，以及个人的兴趣爱好、个人的性格特征等，都在阅读中起着重要作用，从而会影响师范生以后的实习教学。

（二）师范生阅读能力的作用

阅读是人类社会生活当中不可缺少的活动。师范生通过阅读书籍可以获得知识，认识世界。由于书籍能够突破时空限制，所以是人们积累、保存和传播知识最重要的手段。书籍为人类提供了丰富的知识，书籍在人类社会发展和科学文化发展中起着重要作用。事实上，人们获得的许多古代的和外域的知识，绝大部分都是通过阅读书籍得到的。

阅读能力是师范生在生活、学习和工作中不可缺少的能力，包括读书、读报、读文件和读其他书面材料的能力。师范生通过阅读可以懂得更多、更深的道理，不断提高自己的思想水平；师范生通过阅读可以获得各种科学知识，不断扩大自己的知识范围；师范生通过阅读可以陶冶情操，不断丰富自己的精神世界。特别是近代文化科学技术飞速发展，人类的知识越来越丰富，书籍也越来越多，现代生活已经对师范生的阅读能力提出更多更高的要求。

阅读在教学中居于首要地位，因为阅读是从事各项工作、进行各种学习的基础。这是由它自身所承担的重要任务所决定的。如果不重视培养师范生的阅读能力，那么，当他们走出校门以后，就很难吸收新的知识；相反，如果他们在校期间就具备了较高的阅读能力，那么，他们就获得了终身受教育的手段，当他们走出校门以后，可以不受时空限制，独立地在知识的海洋里遨游，并得到长足的进步。同时，因为阅读能力的高低直接影响师范生质量和水平的高低，所以学校为社会直接输送各种人才时，无论是深造还是就业，都需要有较高的阅读能力。广泛地培养和提高师范生的阅读能力，是有利于一代人才成长的大事。师范生有较高的阅读能力，毕业后在进行教学时，就有较强的阅读示范性，培养学生的阅读能力就有得天独厚的优越条件。

（三）衡量师范生阅读能力高低的标准

师范生从小学到中学乃至师范院校阶段已进行了一系列阅读训练，具有一定的阅读能力。但是，不是所有师范生的阅读能力都是相同的。相比之下，有的师范生阅读能力高，有的师范生阅读能力低。那么，如何衡量师范生阅读能力的高低呢？

阅读的主要精力要放在揣摩作者意图，着重抓住文章的主要精神、内容要点、思路脉络、层次关系、结构布局以及表现方法这些全局性的问题上。师范生将这些问题抓住了、理解了，字、词、句、段这些局部性问题就会迎刃而解，或者说为正确解决局部性问题创造了良好的前提。同时，读物本身要求师范生在阅读时要注重其整体性。因为师范生从这种阅读中不仅能获得系统完整的知识与信息，而且能从中学到科学的阅读方法。师范生熟练掌握这种阅读方法，才有可能从根本上获得高速优质的阅读效益。这种方法叫整体性阅读方法，这种能力叫整体性阅读能力。师范生整体性阅读能力如何，是其阅读能力高低的根本标志。有人以为会认字、会解词、会对句子作语法分析，能指出运用的是什么修辞手法和表现手法，就具备了阅读能力，其实这样理解是不确切的。尽管这些知识和能力是阅读能力所必需的，但不能以此判定阅读能力的优劣。因为阅读能力远不是这些知识和能力的简单相加，关键要看能否创造性地综合运用各个单次知识及其技能去看懂一篇文章。师范生只有具备了整体性阅读方法与能力，才能在卷帙浩繁的信息当中纵横驰骋，快速有效地捕捉大量信息，以满足自身与事业发展对知识信息日益增长的需求。

整体性阅读能力的高低，即阅读效率的高低，主要反映在三个方面：阅读速度、阅读理解率和阅读记忆率。因此，理解、速度和记忆对阅读极其重要，它们是师范生阅读能力的三个要素。

通过实践可以发现，用同一篇文章，让阅读能力各异的师范生同时进行阅读，结果出现四类情况：第一类，读得快，理解率高，记得牢；第二类，读得慢，理解率高，记得牢；第三类，读得快，理解率不高，记得不牢；第四类，读得慢，理解率不高，记得不牢。

由此可以看出，阅读能力高的师范生，读得快，理解率高，记得牢；阅读能力低的师范生，则读得慢，理解率不高，记得不牢。强调某一方面，忽视另一方面，是不能达到阅读高效率的。一般来说，师范生每分钟阅读一千个汉字以上，阅读理解率在80%以上，表示其阅读能力较强；每分钟阅读一千个汉字以下，阅读理解率不足80%，表示其阅读能力偏低。

综上所述，阅读是教学中不可缺少的内容，也是教学中的有效教学手段。师范生要注重对自己阅读能力的培养，进一步提高自己的教学水平。

二、师范生阅读能力培养的形式和方法

（一）师范生阅读能力培养的形式

师范生进入师范院校以后，加强对自身阅读能力的培养，可以有效地提高阅读效率。师范生阅读能力培养的形式是多种多样的，就阅读形式来说，主要有精读、略读、朗读、默读、通读和跳读；就阅读思维形式来说，主要有分析与综合、比较与概括、想象、判断与推理等。

1.精读与略读

精读是师范生运用得最为普遍的一种阅读形式。在感知方面，精读是按照前后顺序，一字不漏地对阅读材料进行仔细的认读，对没有认清和意义尚未明了的字词，要通过反复回视，直到认清和确切了解为止。在理解方面，精读对于各种语言结构，如字、词、句、段、篇等，都要进行深入的分析和思考。在联想和想象方面，精读对于阅读材料所揭示的内容能够广泛地与其他事物相联系，对于阅读材料所描绘的情景能够仔细地玩味，力求使自己置于作品之中，并用自己的生活经验去补充、丰富它。在评价方面，精读又能客观地站在作品之外，对作品的思想内容和表达方法做出全面的衡量和判断。

略读也是师范生很重要的一种阅读形式。其感知特点不同于精读。师范生根据自己的需要，对文章进行"扫描"，搜索表达文章观点的重点句，对于那些说明观点的一般叙述，可以略去不看，对于那些表达见解和观点的重要之处，可以反复注视。在理解方面，略读并不是逐词逐句进行的，而是居高临下，力求抓住文章的主旨和脉络，综合和概括的思维活动占据主导地位。略读中也存在由此及彼的联想，但如果读得不细，就会缺乏具体的联想、想象活动。略读过程也存在评价活动，但这种评价往往不是全面的、细致的，而是有重点的和粗略的，常常是只对文章的主要观点作出判断。略读虽有"粗"的意思，但不是粗枝大叶地读，而是有意地不去寻根究底，只作一般的了解。

略读与精读的关系是，略读是面，精读是点；略读确定精读，精读推动略读。师范生通过略读，确定精读篇目，精读时必须逐字逐句读，看注释，查工具书、参考书，弄懂字句。再通篇复读，明了全文大意，然后深入细读，抓住文章的重点、特点进行深入探讨，求得对文章主旨和写作特点有透彻的认识。这样精读是为了扎扎实实地提升师范生的阅读能力，也为有效地进行广泛的略读创造条件。略读实际上就是通过精读培养起来的阅读能力的运用。所以，师范生要注意略读和精读之间的关系，提升自己的阅读能力。

2. 朗读与默读

朗读是一种有声言语的阅读方式，是眼、口、耳、脑并用的阅读活动。师范生在朗读时，要经历复杂的心理过程，既是感觉器官、言语运动器官与大脑协同活动的过程，又是思维活动、感情活动与言语活动协同进行的过程，其中大脑的思维活动起着主导作用。朗读有助于深入体味文章的思想感情。经过反复朗读，在朗读中推敲文章的含义、情调、韵味，想象作者写作时的心境和情感，代作者说话，代作者表达思想，抒发情怀。经过这样的朗读，加深对文章的理解。朗读还有助于密切读和写的联系、语和文的联系，提升表达能力。朗读是语音、语调、速度、力度以及感情表达等的训练，对于提升师范生口头表达能力有直接作用。另外，朗读是培养师范生语感的一种好方法。放声朗读文章，可以增强语音的感受能力、语义的感受能力和语法的感受能力。如果师范生对精美的文章反复诵读，就会提升对语言规范的敏感和鉴别能力。听到不正确的读音或词不达意、生硬不通的句子，就会从感情上感到不适，并加以排斥。

默读是一种不出声的阅读方式，是师范生眼、脑、内部言语协同活动的过程。默读不能只是用视觉器官感知文章，而是必须将外部的视觉刺激。即书面语言转化为内部的思维活动和言语活动。这既有利于提高师范生默读的理解水平，又有利于加快阅读速度。正因为默读有思维积极的特点，所以默读能力成了重要的阅读能力之一，是阅读能力中重要的外在标志。从阅读能力发展的过程来看，朗读先于默读，默读是在朗读的基础上发展起来的。因此，思维能力差的师范生多以朗读形式培养阅读能力，思维能力好一些的师范生则多以默读形式为主。

由于朗读是发出声音的阅读，必须把文字符号转化为有声言语，这也有利于培养师范生的口头表达能力，因此，它会削弱内部言语的积极活动，影响对文章的理解。而默读是不发出声音的阅读，不用把文字符号转化为有声言语，因而默读速度快于朗读。并且默读时有活跃的内部言语活动，有积极的思维活动，这有助于提高师范生对文章的理解。

3.通读与跳读

通读就是对文章通篇阅读，主要是对文章内容作全面了解。通读对文章的感知是行云流水式的，虽然也是连续的，却不够仔细。在理解方面也常常是粗浅的，只求了解文章的大概内容。在联想、想象和评价等思维活动方面，也处于表层状态，因为在通读过程中往往无暇深思。

跳读是从阅读材料中挑选出自己需要的章节、段落来读。跳读常常是在通读之后进行的，跳读是常用的一种阅读方式。例如，人们每天都要读报纸，而读报纸又不能占用太多的时间，就需要有选择地读。有的只看标题即可，有的挑选其中有价值的段落或章节阅读，把不用了解的段落或章节略去。因此，在跳读的过程中，最重要的是对读物迅速地作出判断，确定它们有无阅读的价值。判断的标准是由阅读的目的决定的。跳读时把与阅读目的无关的内容跳过去，使注意力很快地集中到需要精读或略读的内容上来。

4.分析与综合

分析就是把整篇文章分解成几个部分、几个方面、几种因素，然后对这几个部分、方面、因素分别加以考查，找出各自的本质和它们之间的联系。通过分析，对文章有具体、细致的了解。

综合是在分析的基础上，把文章的各个部分、各个方面或各种因素联系起来，以获得对整体的本质认识。分析与综合常常是结合起来进行的，在阅读过程中，师范生通过边分析边综合，逐步加深对文章的理解。缺乏分析，认识是笼统、模糊的；缺乏综合，就像"只见树木，不见森林"，不可能有完整、全面的认识。在阅读理解的过程中，分析和综合是交叉进行的，要深入理解文章，必须经过反复的分析和综合活动。

5. 比较与概括

比较对理解文章有重要作用，在阅读过程中，师范生不断地进行比较可以掌握文章的特点，从而正确认识和评价文章。通过比较，师范生可以归纳出文章共同的规律和各自的特点。比较是多层次的，可以篇与篇比较、段与段比较、句与句比较以及选词组句比较。比较的角度也很多，可从宏观比较，可从微观比较；可同类比较，可异类比较；可从历史角度比较，可从现实角度比较；可从点上比较，可从面上比较；可纵向比较，可横向比较；可正面比较，可反面比较；可比较共同点，可比较不同点等。

概括是阅读理解的重要组成部分，通过概括，可以认识文章的本质。阅读文章，通常要对段意、中心思想和文章特点进行概括。概括既要全面准确，又要简明精炼。因此，概括必须在全面深入地理解文章的基础上进行。同时，正确地概括可以加深对文章的理解和把握。

6. 想象

想象是师范生进行阅读不可缺少的智能因素，也是达到阅读目的的必要手段和有效方法。想象是在改造记忆表现的基础上产生的。阅读中的想象，主要是"再造想象"，即按读物中的描述在脑子里构成形象。想象可以在阅读时帮助理解文章内容，可以锻炼想象能力和联想能力。对阅读的文章加以想象，使文章中所述内容、情景等都浮现在脑海中，对文章就会有一个整体的印象和了解。因为语言本身是概念化的产物，作者脑子里的形象在文章中不是直接展示出来的，而是通过概念性的语言把人物、场面、情节、景象等表达出来，读者在阅读时接触的即使是极形象的语言，也仍然是概念的语言，而绝不是形象本身。因此，师范生在阅读时需要具有把概念性的语言在脑海中转化为形象的能力，然后再去理解作者的思想，这就是阅读时需要的想象力。如《从百草园到三味书屋》，师范生在阅读的时候，需要调动几乎所有的感觉器官，去理解文章中形象化的语言，经过一番想象，使鲁迅童年的乐园——百草园的形象在脑海里再现："碧绿的菜畦，光滑的石井栏，高大的皂角树，紫红的桑葚，鸣蝉在树叶里长吟，肥胖的黄蜂伏在菜花上，轻捷的叫天子（云雀）忽然从草间直窜向云霄里去了。"如果在阅读时不加以想象，这幅有形有态、有声有色、有动有静的美丽图景就不可能在脑子里鲜明地展现出来。

7. 判断与推理

判断与推理是人们在认识事物过程中进行抽象思维的基本形式。在阅读过程中，师范生需要有形象思维，也需要有抽象思维。只有形象思维与抽象思维相互配合，才能达到较好的理解效果。

判断是肯定或否定某种事物的存在或指明它是否具有某种属性的思维过程。阅读文章，要了解作者肯定什么、否定什么、主张什么、反对什么，要对文章思想方面的好坏、优劣作判断，对文章运用什么样的修辞手法、表达方法作判断等。对于句子的理解，要判断它是这个句子的直接意思，还是这个句子里包含的意思，还是由这个句子引申出来的意思。因此，师范生阅读文章时，要经过反复咀嚼，正确判断，才能准确深入地理解文章。

推理是由一个或几个已知判断推出一个新判断的过程，它是认识事物的基本思维形式，也是理解文章的基本思维形式。作者写文章发表自己的主张和见解，为了使人信服，要做论证，论证过程就是推理过程。对作者表达的思想感情的认识、评价，同样是推理过程。在阅读过程中，要善于运用推理，把文章中的许多现象加以归纳，把文章中的一系列推理过程进行分析，以文章中提出的事实或主张为前提，再进行推理，得出正确结论。

综上所述，师范生在培养自身的基本教学能力时，要注意培养阅读能力，并且要清楚阅读能力培养的形式，以便更好地应用到实习教学中去，从而提高教学质量。

（二）师范生阅读能力培养的方法

为了有效地提升阅读能力，达到最佳的效果，师范生在进行阅读能力培养时，要采取适当的方法。常用的方法有：精读法、朗读法、默读法、复述法、提问法、划批法和提纲法等。

1. 精读法

精读就是对阅读材料作全面、精细、深入的理解把握。培养师范生的精读能力，主要包括：理解字、词、句的能力，参考和质疑的能力，分析和评价的能力，以及朗读和记笔记的能力等。精读能力培养可以有不同的步骤，如上海钱梦龙老师设计的"六步自读法"：认读，辨体（文体），审题，问答（一问写了什么，二问怎样写的，三问为什么），质疑，评析。江西潘凤湘老师设计的"八步读书法"：默读，标节码，勾生字；查工具书；小组朗读，听写；写出课文分析草稿；写提要；听教师分析课文；完成正式的课文分析作业，背诵课文；写读书心得、笔记。江苏林华杉老师设计的"十步读书法"：审课题，读课文，识生字，解新词，写提要，理层次，记段意，明中心，编提纲，评写法。上述三种精读能力培养方法虽然步骤不同，又各有侧重，但基本上都有读、析、评、用四步，大都重视识字、解词、理层次、析文意、评写法等内容。师范生通过这样有步骤的阅读，不仅对文章的理解程度加深，而且能够逐步培养自己的精读能力。精读文章时，精细到理解每一个词义，每一句句义。通常情况下，理解词义的方法有：查词典释词义法；分析构词方式释词义法；从上下文中推断词义法；利用已有知识进行解词的联想法等。理解句义的方法有：分析词与词之间的关系的方法；分析词的排列顺序的方法；从标点符号体会句义的方法；联系上下文的方法等。当然，每一句话都有它的语言环境，特别是对那些含义较深的句子，只有联系上下文反复体会，才能理解句中之义、句外之义。对于不同类型的文章，阅读时，分析的着眼点和方法也不同。比如，记叙文是以写人记事为主要内容的，应通过分析人物或事件理解文章的思想内容；说明文是以说明事物或事理为主要内容的，应通过分析事物的特征把握文章的思想内容；议论文是以论述作者主张和见解为内容的，应通过分析论点、论据把握文章的思想内容等。

2. 朗读法

由于朗读是一种有声言语的阅读活动，朗读质量的高低取决于对文章理解的深浅。师范生如果不理解文章中字句的含义，就不能正确地朗读；不理解文意，朗读时就不能用适当的语气来表现；如果对文章只限于一般的理解，就表达不出文章的风格神采。朗读的外在表现形式是声调，而内在的基础是理解。因此，朗读技能的逐步提升，也能反映理解能力和表达能力的提升。对文章理解得越全面、准确、深刻，朗读就越形象、传神；反之，对文章反复朗读，也可加深理解。朗读能力培养的主要方法有：听教师或电视广播的范读，遇到好的文章，可通过范读录音带进行反复听读；同学们集体朗读和个别朗读；分角色朗读；分组接读；提问接读和表情朗读等。

3.默读法

默读比朗读的速度快，并且对文章的理解更深刻，因此，默读应用范围较广，尤其适用于对师范生进行阅读能力的培养。默读能力培养的主要方法有：改善视觉效果，提高默读速度，可增加一次辨认字的数量；可把词、句结合起来进行整体辨认，采用经过压缩的潜语，直接理解句、段的含义；将视觉始终放在各行的中间部位，把各行的两端笼罩在视觉范围之内，减小眼球来回转动的幅度，加快阅读速度；可采用在一定时间内限定读完一定数量读物的限量法；可采用默读比赛法，即多人在同一时间内默读同一材料，看谁读得既快又好（通过测试了解默读理解程度）；可采用用纸遮住读物上端，边读边向下拉纸，促成视觉反应一次完成，避免回视的遮盖法等。经过这样的方式，可以逐步提高速读的自觉性，养成速读的习惯和准确、协调、熟练、灵活的默读技巧。

4.复述法

复述就是把文章的内容按一定的顺序用自己的语言叙述出来。复述可以检查对文章的理解程度，可以培养运用语言进行口头或书面表达的能力以及想象力、思考力和记忆力。复述练习是培养师范生阅读能力运用较广泛的一种方法。复述的基本要求是：要正确地表达原文的内容；取舍要得当；要运用文中的语句组织自己的语言；要有条理性和连贯性。复述的方法有：详细复述，即按原文的顺序无遗漏地复述；简要复述，即抓住文章的主要内容，用简要的语言提纲挈领地复述；创造性复述，即在原文的基础上做某种创造。详细复述可检查对文章理解、识记是否全面、精细、深刻。简要复述可提升分析能力和概括能力，从而提升阅读能力，因为简要复述要对文章做初步分析，理清各部分之间的关系，分清主要部分和次要部分，并经过综合概括，再用简要的语言进行复述。创造性复述，像改变人称的复述，如把《项链》一文改成第一人称复述；重新组织材料的复述，如将《记念刘和珍君》一文中有关刘和珍斗争的材料重新组织，以《刘和珍君斗争实录》为题进行复述；对原文做补充扩展的复述，如通过想象对《药》中茶馆的场面进行复述；改变体裁的复述，如将《赣南游击词》改成"回忆录"进行复述等。这不仅有利于提高师范生的口头或书面表达能力，而且可以促进对文章的理解以及提升灵活运用能力。

5. 提问法

提问是培养师范生阅读能力过程中常用的一种方法，它可以把注意力集中到一些关键性或难解的问题上，对文章作深入细致的理解。提问的方法，有学生之间互相提问、教师向学生提问、学生向教师提问以及学生自问自答等。师范生培养阅读能力时，多用自问自答的方法。如果能够做到边阅读，边提问，边思考，边解答，边记笔记，这样更有利于提升自身的阅读能力。提问的方式有多种，有直接提问、间接提问、比较提问等。师范生在阅读过程中要多问几个为什么，尤其是通过比较提问，可以从比较中揣摩文意和技法，提升对文章的理解能力和鉴赏能力。

6. 划批法

划，是在阅读的文字下面划上各种符号，以提示重点、难点、优劣之处。批，是用最简单的语言对文章的思想内容、写作技巧、语言表达等方面做出评价，对于难解的字词，查工具书后注释出来。划批法继承了古代"圈、点、批、注"的方法，是提升师范生阅读理解能力、评价能力、记忆能力的一种好方法。划批法的方式、符号没有统一的规定，可以根据各人习惯去做。划批的语言符号可记在文章的字里行间，可记在行文的一侧，也可记在笔记本上。

7. 提纲法

列提纲就是把阅读材料的全部或局部内容用提纲形式概括出来。在培养师范生阅读能力时，编写各种提纲，有助于理清文章的思路，把握文章各部分之间的联系，加深对文章内容的记忆。在编写提纲的过程中，师范生也锻炼了思维的准确性、概括性和条理性。列提纲的基本要求是准确、简要，概括的角度、文字的风格要一致。如《荷塘月色》一文的段落提纲，从人物活动的角度可概括为：想起荷塘，夜游荷塘，离开荷塘；从抒情方式的角度可以概括为：直抒情怀，借景抒情，思古怀乡。列提纲的主要方法有：段落提纲，情节提纲，人物描写提纲，景物描写提纲，论点论据提纲等。从提纲的形式上看，有叙述式提纲、标题式提纲和列表式提纲等。段落提纲就是将文章分段，按段的内容编写提纲，如上述《荷塘月色》的段落提纲。从提纲形式上看，它又属于叙述式提纲。情节提纲是按照情节的发展编写提纲，如《荷花淀》一文的情节提纲是：开端，送夫参军；发展，寻夫遇险；高潮，助夫歼敌；结局，学夫战斗。从提纲形式上看，这又属于标题式提纲。人物描写提纲和景物描写提纲就是把文章中人物描写的内容或景物描写的内容加以概括，编写出的提纲。从提纲形式上看，这两类都属于列表式。论点论据提纲主要是对议论文中论点的提出、论证过程中用的论据以及论证主题的意义加以编写的提纲。

总之，师范生在培养自身的基本教学能力时，要注重对阅读能力的培养，要清楚与阅读有关的一系列内容。阅读是开展教学时必不可少的教学活动，师范生提升自身的阅读能力，有利于提高自身的教学水平，从而提高课堂教学质量。

第二节　高校师范生听能力培养

听能力，即听话能力，又叫"听知能力"，是人在听觉活动中顺利地接受各种信息、成功地获得意义的一种能力。人的听话过程是通过听觉分析器官接受语言信息并通过思维活动加以理解和吸收的过程，是以理解语意内容为中心的复杂的生理和心理活动过程，也是听话人将说话用的外部语言（有声语言）转化为自己的内部语言（思维）的过程。师范生是未来的人民教师，师范生的听能力如何，直接关系着他们现在的学习和将来的工作情况。为了全面提高师范生的业务素质，应切实培养听能力。

一、师范生听能力概述

（一）师范生听能力的作用

1. "听"在社会生活中的作用

人们交流思想、传递信息的基本方式有两种：一是口头方式，二是书面方式。听是属于口头方式的一种活动，即主要对口头语言的接受和反应，这是人类依赖第二信号系统形成的特有的语言认知活动。作为交流思想、传递信息的方式之一，听在人类社会生活中有着十分重要的地位和作用。

（1）听是学习语言的基础

语言是人类的交际工具和思维工具，任何健全的人都要学习和使用语言。语言的学习和运用，主要表现在听、说、读、写四个方面。"听"和"说"属于口头语言，"读"和"写"属于书面语言。在实际运用中，口头语言往往比书面语言有着更大的便利性，人们接触和使用口语的频率，通常情况下总是高于书面语。所以，"听"和"说"显然领先于"读"和"写"，而同属于口头语言，"听"又领先于"说"。这是因为"听"是为了吸收，"说"是用于表达，没有吸收，就无从表达。人总是先要学会听话，然后才有可能学会说话。印度卡玛拉狼孩之所以不会说话，是因为生活在狼群之中，没有人类的语言环境，只能学会狼叫，而不能学会语言。这清楚地表明学习语言要先从听开始，没有听，就没有说，而没有听和说，也就没有读和写。

（2）听是发展智力的条件

人的听力与智力发展有密切联系。思维离不开语言，没有较强的语言能力，就很难有较强的思维能力。从这个意义上说，发展智力离不开语言能力，而语言学习又必须从"听"开始。我国古代就有"耳聪目明""闻一知十""耳熟能详"等说法。美国有一位教学法专家认为："听"要求接受信息，"接受"要求思考，"思考"要求记忆。听、思考、记忆三者紧密相连，不可分割，共同促进了智力的发展。

（3）听是获取信息的手段

"听"在人类的文明生活中涉及范围甚广，在接收信息方面较之"读"有着更直接、更便利、更经常、更普遍的特点。在某些特定环境和特殊情况下，为了获得信息，"耳闻"可能比"目见"更为有效。例如：边远地区书报奇缺，急需收听广播以广见闻；部队出于保密的原因，往往口头传达命令，就需要悉心听记，准确理解。随着现代科学技术的不断发展，用声音传播和保存信息的情况将会越来越普遍。因而，通过听知活动接受和反映信息的作用将越来越突出。

2. 师范生提高听能力的作用

既然"听"是人类社会生活中必不可少的一项感知活动，那么，师范生加强听的训练，提高听的效果就是十分重要的了。对于师范生来说，听的能力不仅是语文能力中一种基本的能力，而且是他们将来从事教育工作必备的基本功。

（1）提高听能力有助于现在的学习

师范生现在的学习，也就是教师的职前培训。为了适应将来的工作，他们必须全面掌握从事中小学教育必备的文化知识、专业知识、基本技能和实际工作能力。其中，知识的掌握蕴含着听能力的因素（如听课、听讲座），技能的形成体现了听能力的效果（如朗读、唱歌等），能力的培养则包括听能力的内容（如听、说、读、写的语文能力）。再从师范生必备的说、写、弹、唱、画等专业基本功来看，每一项基本功的形成和发展都与听的能力有着直接或间接的关系。因此，提升师范生的听能力，可以促进他们更好地完成学习任务，以便把自己培养成合格的人民教师。

有无较高的听能力，也是衡量师范生业务素质高低的一条标准。有一些师范生由于缺乏必要的听能力训练，所以"听话"水平总是停潜在低级阶段；不知"话中有话"，难解"话外之音"；上课听了后面忘了前面，听报告半天也抓不住一个要点；捧着文学作品可以读得津津有味，而书本上的一些词语、句式一旦运用到口语中，就会"闻若未闻""不知所云"等。

（2）提高听能力有利于将来的工作

教师的工作是"传道、授业、解惑"，除"身教"之外，更多地需要运用口语的形式进行听说的交流。例如：听学生说话，要能迅速地判断出语音、用词、造句和内容上正确与否，以便及时地加以引导；和学生交谈，要能通过对方的语言表达形式去了解他的思维活动内容，以利于正确地实施教育；做家庭访问，要能对不同层次、不同环境、不同心态下的各种话语加以品评和辨析，从而有效地开展工作。这些无不要求师范生具有较高的听话能力。

从科学技术和科学研究的发展状况看，现代电声手段的日益进展与广泛应用，使有声语言信息的传递途径不断拓展。反映在教育领域，运用广播、录音等教学手段，正在不断地总结出新的经验；语言实验室的普及和应用，正在各级各类学校逐渐变为现实；在海外，甚至有人已经设计出"有声课本"。这些都对听的能力提出了更高的要求，对于今天的师范生来说，既是一种机遇，也是一种挑战，为了适应和胜任将来的教育工作，每个师范生都必须充分认识听的作用，切实加强听的训练，不断提升听的能力。

（二）师范生听能力的基本内容

1. 师范生听能力的构成要素

听能力本身是一个多元的、开放性的立体结构，包括听的态度、听的方法、听的效果等因素，如注意力、辨识力、理解力、记忆力、组合力、选择力、品评力、想象力等。根据教师职前培训的特点和实际工作的需要，师范生听能力的完整系统应该具备以下几个要素：

（1）听的注意力

这是听能力的构成条件。说话有时空性的特点，因境而异，转瞬即逝，听时稍不留心，往往会听而不解。这就要求师范生集中注意力，聚精会神，"侧耳聆听"，要听得清楚、听得准确，必须加强对听力有意注意的训练，培养注意的专注性、持续性、警觉性和对注意的协调分配能力，并自觉地同影响听知活动的各种干扰作斗争。

（2）听的辨识力

这是听能力的构成基础。听话活动是靠声音获得信息的，听别人说话，首要的是听清对方话语的声音、语气，这样才能进而了解声音的信号所负载的信息。中小学生说话和听话时，通常不会准确辨析音近词、同音词、多义词，更不善于正确运用话语的重音、语气、语调等。作为未来的教师，师范生必须练就听音辨调的本领，一方面，有利于准确理解别人的话语；另一方面，便于指导学生正确地辨音识义。

（3）听的理解力

这是听能力的核心。听人说话，要能把握其要点、概括其内容、领悟其本意，即要听说话人话语的全部意义。不仅要能辨识语流中单个语音形式所要表达的语意，而且要理清语脉，合成语义，将语流形式正确无误地还原为思想内容，特别是要理解说话人用含蓄、委婉的语言形式表达的真实意思，善于听出"言外之意、弦外之音"。不少学生说话时经常出现语不达意、答非所问的问题，小学生尤其如此。这更需要教师通过推测和判断了解其话语内容，领会其真实意思。因此，师范生必须努力提高自己的听知理解力。

（4）听的组合力

由于口语应对性强，说话时又受到时间的限制，因此话语中常带有许多杂质，如口头禅、不必要的重复、与问题无关的杂言插说等，特别是辩论或讨论时，更会出现条理紊乱、七嘴八舌的现象，这就要求师范生对所听到的话语进行加工、筛选、区分、整理，以便理清顺序、归纳要点、抓住中心。学生由于受认知力、表述力的限制，讲话时常常把要点淹没在大量的附加语言和重复语言之中，师范生对此要学会"沙里淘金"，摒弃非相关性语言，把要点排列出来并加以概括和组合，这样才能对学生的发言作出准确的评价。

（5）听的品评力

听懂对方话语的意思并非听知活动的终极目标。一个善于听话的人，会在了解对方语意内容的基础上，作出分析、综合、评判，鉴别其语意内容的是非曲直、品评其语言技巧的优劣高低，从而决定自己对语言信息的取舍，或摄取储存，或排除淘汰。品评力是以理解为基础、但比理解更高一层的能力，也是师范生应该具备的能力。

（6）听的联想力

善于听话的人不仅不会被动地接受对方所说的话语，还常常在理解和品评的基础上联想所听话语之外的事物，并通过思考引出新的认识。如对所听话语中的不足之处进行修正和补充，从所听话语中联想到其他同类事物，从说话人的神志、语调中推测还未说出的意思等。这是听话活动中表现出来的一种带有创造性的能力。

上述各项听的能力是每个师范生必须掌握的，它们与其余各项能力相对独立而又互相联系，共同构成了听能力的整体系统。

2. 师范生听能力的衡量标准

在听能力的构成要素和各项要求之中，最核心的问题是对话语意义的理解。因此，能否听出别人说话的语气、理解别人讲话的意思、抓住讲话人的目的和动机，并得出自己的判断、形成自己的认识，这是衡量师范生听能力高低的主要标准。按照理解的不同要求，以"理解"为核心的衡量标准具体表现为三个层次：

（1）能否听得"清"

听人说话，先要听清对方说了什么。口语交际中常出现因没听清楚而产生误解的情况，主要原因在于对话语中的音近词、同音词、多义词和话语的重音、语气、语调等分辨不清。例如："大意"（疏忽、不注意）和"大意"（主要的意思）、

"是非"（口舌）和"是非"（事理的正误）这两组同一形式不同意义的词，其区别仅在于轻声和非轻声。又如"雪真大，房子都盖住了"，若重音落在"房子"上，意思是雪把个别房子盖住了；若重音落在"都"上，意思则是雪把所有房子（看到的）全盖住了。因此，衡量师范生听能力的高低，要看其听音辨调的能力，看其能否联系话语的上下文和语言环境，仔细听辨对方所说话语的意思，以保证听得清楚、明白。

（2）能否听得"懂"

听懂别人话语里的意思和感情，是建立在听音辨调基础上的理解吸收过程。对听到的话语进行科学的整理归纳是"听懂"的重要环节，能理解"言外之意、话外之音"是"听懂"的高级体现。例如：朱自清散文《背影》中父亲对儿子说的两句话："我走了，到那边来信！""进去吧，里边没人。"前一句话，"父亲"以含蓄的方式表达了"祝你一路平安，希望早日来信，免得我挂念"的意思；后一句话则以委婉的方式告诫"当心行李丢失"，正因为作者透过话语的表面领悟到了话语中蕴含的"话"和"情"，所以难以忘怀，诉诸笔端，也令人动容。对于类似的话语意义和思想感情，如果师范生没有较强的听知能力，就很难作出准确的理解。

（3）能否听得"好"

听别人说话，不仅要听清、听懂，还要能够通过品评鉴赏达到排误选优、择要取舍的目的和知情、识趣、品味、审美的效果。例如：听中小学生说话，能否迅速判断语音、用词、造句和内容正确与否？听配乐朗诵《荷塘月色》，能否准确把握作者那"淡淡的喜悦"中夹杂着的"淡淡的哀愁"这一复杂的思想感情？这些都可以衡量出"理解"是否达到了高级要求。

总之，"听清""听懂""听好"是听知理解力表现出来的三个不同层次，据此衡量师范生听的能力，即可评判出高低优劣。

二、师范生听能力培养的内容、形式和方法

（一）师范生听能力培养的内容

师范生的听能力培养，要在他们入学前已有经验的基础上，进一步扩展内容，提高要求。经过中学阶段的学习，师范生已经具备了一定的听话能力，但由于中

学阶段的学习是初步的，而且是不系统的，他们的听能力还未达到理想的程度。师范阶段的听能力培养应按照相应要求，从听话的习惯、听话的方法、听话的效果几个方面进行妥善安排，努力构建完整的听能力系统。

1. 良好的听话习惯的培养

良好的听话习惯是提升听能力的前提。有的师范生之所以不能很快地提升听能力，是因为在听的态度和习惯上存在问题，听教师讲课时心不在焉，听别人发言时漫不经心，听不懂时就改变听的方向，听到不感兴趣的就关闭听的大门。鉴于这种情况，必须加强师范生听话习惯的培养，师范生应做到以下三点：

（1）聚精会神地听

听课，听报告，听别人发言，必须精神饱满，神情专注，集中注意力聆听对方的话语；认真思考，准确理解说话人要表达的意思和情感。要做到这一点，师范生应具备有意注意的能力，善于克服各种分散注意的消极因素，自觉地同各种干扰作斗争。

（2）耐心细致地听

师范生在听话时应体谅及尊重对方，与说话人保持感情上的交流，不能随意插话，不能突然打断或改变对方的话题，不要因为对方的神态或打扮而因人废言，也不要未听完别人的话就轻率地作出判断，有不懂或听不明白的地方应记录下来，等别人说完后再及时发问。

（3）边听边想边记

师范生在听话时最好要耳听、眼看、手写，边听、边想、边记，做到"一心多用"。例如：听记训练要求把大部分注意放在听上，而把小部分注意放在记上，又因为手写总是落后于耳听，所以还得把另一小部分注意放在回忆刚听过的话语上，这三者必须配合恰当，才能顺利地完成听记活动。这就是注意的协调分配能力，它是培养师范生听能力的一个重要内容。

2. 科学的听话方法的培养

科学的听话方法是提升听能力的保证，应作为培养师范生听能力的重点。常见的听话方法主要有以下三点：

（1）察言观色，静听细辨

师范生听人说话时，要认真分辨语音语调，仔细琢磨用语，特别是要注意听辨借代、双关反语等表达的真实含义。与此同时，要注意观察说话人的眼神、表情、手势和态度，推测其意图，品味其情感，从而正确把握和准确理解对方所要表达的语意内容和思想感情。

（2）浓缩要点，重点感知

师范生在听报告、听讲座的时候，应尽量做到"长话短听"，即抓住话题中心和结构层次，把说话人表述的主要观点或内容大意浓缩为几个要点，概括为最恰当的几个词语或句子，以便加深理解、帮助记忆。同样，听读课文时也应在内容上做自动处理，把一部分内容（整体文意）作为感知的背景，把另一部分内容（各个要点）作为感知的重点，从而在对整体"文意"的模糊把握中，达到对各个"要点"的清晰认识。

（3）理清头绪，定向听辨

师范生在听别人辩论或参加讨论时，应从各方的话语中找出思维线索，抓住议论的焦点进行归纳整理。在多人辩论的情况下，也可以为自己制定一至两个听辨目标，与此无关的话题内容不听或少听，以便集中注意力听取需要的语言信息。

除了上述几种常规方法，国外还有人把听的科学方法总结为"调频、提问、聆听、复现"四个要点。

第一，调频。听者的大脑要像无线电调频一样调向说话人和话题，唤起自己所知道的关于话题的每件事，排除一切分散注意力的因素。

第二，提问。听者应在头脑中形成问题：说话人关于这个题目将说些什么？说话人的背景如何？与话题有关的内容会是什么？

第三，聆听。听时要努力听清说话人的每句话、每个词，并对听到的每件事、每个问题作出心理上的反应，预测说话人下面将说的话。

第四，复现。经常回顾前面说过的话，并把它与现在正在说的话联系起来。经常总结、评价听到的话，区分主要与次要意思，自觉地记忆某些需要牢记的要点。

上述四个要点实际包含了听话能力中的注意、理解、联想、品评、记忆等因素，对于培养师范生的听能力具有良好的效果。

3. 理想的听话效果的培养

理想的听话效果是提升听能力的最终体现。听话活动的目的，就是要通过辨音识义、组合理解、推断联想、评价赏析等手段获取有用的语言信息，达到理解准确、记忆深刻、联想丰富、品评精当的听话效果。从听能力的构成情况看，培养师范生的听话能力应做到以下几点：

第一，能迅速适应和接受各种速度、各种环境、各种场合传出的语音符号，具有敏捷的感知力。

第二，能准确地把握说话人说出的语词、语句、语段乃至整个话语的意思，具有深刻的理解力。

第三，能清晰地记住说话人所说的内容要点、中心意思及重要事实等，具有牢固的记忆力。

第四，能对听到的不连贯的话语进行准确的归类和有逻辑的理序，具有科学的组合力。

第五，能在理解的基础上，及时发现所听内容的正误优劣，具有精湛的品评力。

第六，能在理解和评价的基础上，通过联想和想象引出新的内容，具有丰富的联想力。

（二）师范生听能力培养的形式

师范生听话能力的培养，不仅内容丰富多彩，而且形式多种多样。一方面，广播、电视、录音、唱片以及语音实验室等电教手段的运用，为听能力培养创设了有利条件；另一方面，师范院校的教育教学活动已成为由必修课、选修课、课外活动、教育实践有机结合的统一体，为听能力的培养拓宽了道路。因此，师范生听话能力的培养，完全可以通过课堂教学、课外活动、教育实践等渠道，采取全方位、多样化的形式。

1.课堂教学中的听能力培养

课堂教学包括必修课和选修课，这是师范生教学活动的主体，是对师范生进行听能力培养的主要途径。课堂教学中的听能力培养主要表现在笔记、复述、讨论等方面。

（1）课堂笔记

师范生做好课堂笔记不仅可以帮助其学好功课，而且可以强化其听的能力，检验听的效果。课堂笔记的具体方式有以下三种：

第一，实录式笔记。把有关听课内容直接记录下来。比如，语文课中的段落大意、中心思想、重要引语、典型例证等，大都要求运用实录式听说方式记录下来。其要求是边听边记、听记同步。

第二，概要式笔记。把有关听课内容概要地记录下来。比如，作者生平和写作背景的介绍，课文内容与艺术特色的分析等，一般采用概要式听记方式。其要求是以听为主、听思结合、把握大意、记录要点。

第三，提纲式笔记。在结合上述两种方式的情况下，把一堂课、一篇文章或一个章节的听课内容条理清楚、层次分明地记录下来，要求有纲有目、有详有略。

（2）课堂复述

这是指师范生把教师的话或同学的发言重复说一遍，或者把课文内容用自己的话说出来，要求以听辨为基础，先听后说。复述的具体类型有以下三种：

第一，详细复述。要求听后按内容顺序有条理地、清楚而全面地叙述出来，不能丢掉基本内容或要点，也不能改换主要意思或情节。

第二，简要复述。要求听后把主要内容进行浓缩，紧扣话题或中心，用简明扼要的语言把要点叙述出来。

第三，创造性复述。要求听后从形式或内容上做某些改变，如变换人称、调整结构、增删情节等，再按不同的要求进行叙述。

（3）课堂讨论

课堂讨论包括答问、论辩、品评等，要求师范生将听说结合、听辨结合、听思结合、听评结合。

答问。答问的方式可以是教师问学生答，也可以是学生问教师答，还可以是学生问学生答。回答问题要以听清对方的问话为前提，提出问题也要认真地听取对方回答的情况。

论辩。论辩的内容可以是语音语义上的差异，也可以是逻辑事理上的正误，还可以是表达方式上的优劣等。在静听细辨的基础上，通过讨论达到辨别正误、排误选优的目的。

品评。通过听、品、议相结合的方式，对文章结构、作者情感、艺术特色、语言风格等进行评价赏析，达到知情、识趣、品味、审美的听知效果。

2.课外活动中的听能力培养

课外活动是师范生教学活动的有机组成部分。师范院校的课外活动大都与"听"有着密切的联系。因此，抓好课外活动不失为提高听的能力的一个重要形式，这一形式包括以下听话活动：

一是以接受教育为主的听话活动，如听时政报告、听英模报告、听校会班会、听党课团课等。要求师范生听记报告或会议的主旨和内容，并积极参加讨论和撰写心得体会。

二是以寻求知识为主的听话活动，如听学术报告、听知识讲座、听经验介绍、听新闻广播等。要求师范生听前思考有关问题，听时做好学习笔记，听后整理知识要点。

三是以欣赏为主的听话活动，如听故事、听戏曲、听诗歌朗诵、听影剧对白等。要求师范生在理解的基础上，加强听知品评、听后联想的训练。

四是以评判为主的听话活动，如听演讲、听解说、听辩论、听申述以及有组织地旁听案件审理等。要求师范生在提炼中心、归纳见解、分辨正误、评判优劣等方面下功夫。

（三）师范生听能力培养的方法

心理科学证明，能力是一种相对稳定的素质，它需要知识、技能和智力等诸因素的参与和共同作用，并且通过实践的锻炼逐步形成和发展。师范生听能力的培养，必须首先致力于相关的知识、技能和智力等水平的发展和提高，然后通过科学地反复实践，才能达到预期效果。为此，应采用灵活多样的方法，在以课堂教学为主体的基础上，使课内训练与课外训练相结合、单项训练与综合训练相结合、听说读写各项训练相结合，不断提升师范生的听话能力。

1.课内训练与课外训练相结合

课堂教学是最基本的教育形式，师范生听能力的培养应主要通过课堂教学进行。但课外活动是教育活动的有机组成部分，而听话实践又表现在日常生活的口语交际之中，因而听话能力的培养又不能仅限于课堂教学。课内与课外相结合的具体方式有：

（1）课内的知识教学与课外的实际运用相结合

听能力的提高，必须以相关的语文基础理论为指导。以听的理解力为例，它涉及语音、语汇、语法、修辞、逻辑等语文知识。师范生只有通过课堂教学掌握了这些知识，才能在日常的语言实践中运用这些知识帮助听辨和品评。

（2）课内的强化训练与课外的自觉练习相结合

课堂教学内进行的有针对性的强化训练，应与师范生自觉、反复的课外练习结合起来，才能收到应有的效果。如进行边听边想的强化训练，教师在课内具体指导学生怎样"想"以后，师范生就应该在课外自觉地进行"想"的训练，听故事，要抓住时间、地点、人物、情节等要素去想；听广播，要从讲了哪几个问题这方面去想；听报告，要从把握报告的主旨、要点和着重强调的地方去想；等等。以上"想"的过程，也就是自觉练习的过程。

（3）课内的常规训练与课外的竞赛活动相结合

听的常规训练要体现经常化、序列化的特点；听的竞赛活动则是对常规训练的一种检测和促进，如听读竞赛、听写竞赛等。常规训练主要在课内进行，竞赛活动主要在课外进行，它们相互结合、相互作用，将有力地促进师范生听能力的提升。

2. 单项训练与综合训练相结合

听话能力的各个要素是紧密联系的，其中任何一个要素出现误差，都将对整体系统产生不良的影响。听话能力的各个要素又是相对独立的，师范生可以根据实际需要，着重进行某个要素的训练。单项训练与综合训练相结合，就是要以单项训练为主，通过突出重点、分项训练，循序渐进地逐步达到全面要求。采用这一方法，教师要注意解决好以下两个问题：

（1）明确各阶段师范生培养的重点

心理研究表明，听力发展与年龄、年级呈正相关，因此对各阶段、各年级师范生的听力发展应逐步提高训练要求，制定出分年级培养目标，并辅以相应的培训内容。但在"理解"的内容和程度上，则有不同层次的要求，即对听的理解力也应分项训练，逐步提高。

（2）加强训练的系统指导

尽管安排了分项训练，但如果师范生训练前后缺乏必要的系统指导，也会影响听能力的提升。这是已被实践反复证明了的，关键是如何加强指导。例如：在对要点的听知记忆上，师范生经常出现要点不全或机械记忆的问题。针对这种情况，教师应从"听"的思维运动特点上加以点拨，抓理论指导和方法提示，要求师范生按照"听—思—听—记"的思维走势完成"听"的任务。

3. 听说读写各项训练的互相结合

师范生应具备的听说读写能力是一个有机的结合体，它们互相渗透、互相勾连、互相制约、互相促进、相对独立而又相互统一。因此，师范生的听能力培养，应该与说、读、写的能力培养相结合，做到以说促听、以读促听、以写促听。

（1）听与说的结合

听说结合的要求是：理解所听内容的含义，根据所听内容的要点，听出说话人的意图，听出言外之意、话外之音。听说结合的具体方法有：

第一，先听后说。如转述训练，先听教师讲述的内容，再用说来检验听的效果。要求听得清楚、完整，说得准确、妥帖。

第二，先说后听。如看图说话，可在观察的基础上，采用"试说（录音）—反馈（放录音）—重说"的训练程序，加强自我监听。

第三，边听边说。如对话练习、讨论、辩论和平时交谈等，通过听与说的交替，起到以说促听的作用。

（2）听与读的结合

听读结合的要求是：听出文章的体裁归类和结构特点，听出文章的中心思想和内容要点，听出文章的语言风格和艺术特色。

例如：同样是写日出壮观景象的文章，巴金的《海上日出》写的是"仰望式"的"动态图"，姚鼐的《登泰山记》写的是"俯瞰式"的"静态画"，而刘白羽的《高空奇景》则是以飞机的飞行时间为顺序，从万仞高空的角度描绘了一幅上下结合、动静搭配的"立体画"。把这些同一题材、不同特色的文章（或段落）带有表情地朗读（或播放录音）给师范生听，让他们静听细辨，反复比较，对于培养听的理解力、品评力和鉴赏力将会起到良好的效果。

（3）听与写的结合

听写结合的方式主要有随听随写和听后补写两种。前者是带有实录性质的一种听记训练，如听读《海上日出》，要求师范生把直接描写日出景色的语句听记完整。教师可事先板书概括性语句以作揭示（如板书"太阳向上升"，实记"太阳像负着什么重担似的，慢慢儿，一纵一纵地、使劲儿向上升"），听记过后再同原文对照比较。后者是更接近写作训练的一种训练方式，目的在于培养师范生听的想象和联想的能力，如设计开头、推测结局、改写内容、演绎故事、补充寓意、引出观点等。

综上所述，在培养师范生基本教学能力时，听能力是必不可少的。师范生在教学活动中，一方面，要听学生说话、朗诵等；另一方面，要听其他任课教师讲课。所以，师范生要想提高自身的教学水平，必须培养听的能力。

第三节　高校师范生口语表达能力培养

师范生在培养自身的基本教学能力时，要注意对口语表达能力的培养。口语就是通常所说的口头语言，口头语和书面语都是重要的交际工具。在文字产生以前，人们只用口语交际，文字产生以后，人们才在口语的基础上创造出书面语。口语与书面语有密切的联系，但它们毕竟是两种不同形式的语言，有着明显的差别，书面语主要是靠脑、手、眼，而口语主要是靠脑、口、耳进行交流；书面语通过文字传递信息，而口语是靠语言传递信息。师范生今后从事的职业是教师，口语表达能力将会直接影响教学效果。因此，培养师范生的口语表达能力具有十分重要的意义。

一、师范生口语表达能力概述

（一）提高师范生口语表达能力具有重要作用

我国正处在改革开放的时代，工作和生活节奏加快，人际的交往也日渐频繁，并且越来越讲究交际的质量和效率。对于师范生来说，在校期间和毕业任教后要与同学、老师、学生、领导、家长以及社会多方面进行交流，就是一般的家访，也得讲究口语表达的方法和艺术。因此，口语表达的作用越来越引起人们的重视。随着现代传感技术的发展，电话、电脑已使语文的流转技术达到相当高的水平，并且开始超越人际交往的范围，人机对话、指令性语言，对口语表达提出了更高的要求，所以进行严格规范的口语表达训练，提高师范生口语表达水平，已成为重要而紧迫的任务，更是师范生今后从事教育和教学工作的需要。

首先，口语表达能力是师范生必备的基本功，决定了教育和教学的质量，也影响教育对象智力的开发和语文的发展。一个口语表达不清的师范生，未来将很难教育好学生。

其次，师范生如果在校期间就具备了一定的口语表达基本功，到学校从事教育、教学工作后就能很快进入"角色"，适应教育和教学工作，减少到工作岗位后再去摸索、探求的困难。

再次，为师范生毕业后对学生进行口语表达的训练提供了理论和方法上的指导。

最后，在推广普通话，使其逐步在我国达到"书同文""语同音"方面也有着重大作用，对于建设社会主义精神文明，形成良好风气也将会有着重要作用。

（二）影响师范生口语表达能力提升的因素

师范生口语表达能力出现明显差别的原因，固然与他们原有的基础有直接关系，同时存在的以下因素也将直接影响他们的口语表达能力。

1. 对提升师范生口语表达能力缺乏认识

不少人认为，说话不用练习。实际上，人们每天都在说话，但不能说人人都会说话。比如，在正式场合有人突然向自己发问，在这类特殊环境中说出来的话既要有中心、有条理，又要准确、得体、巧妙、风趣，就相当不容易，非下苦功夫练习不可。对于师范生来说，这是今后的职业需要，如果不善于跟学生讲话，就很难得到学生的信任，教育和教学工作也很难做好。

2. 对学习期间培养口语表达能力认识不足

作为师范生，不管在校期间还是出校后，都要与学生交往，如果性格孤僻，不苟言笑，不善交谈，不但生活缺少乐趣，也不适应现代社会的要求。如果师范生在校期间就注意培养自己的口语表达能力，他到工作岗位后就能尽快适应教学工作，为自己今后教育工作的起步和腾飞打下坚实的基础。

3. 缺乏参与训练的勇气和信心

有部分师范生书面表达能力比较好，但平时讷言少语，当众讲话就紧张，在培养口语表达能力时，怕自己练不好，怕人耻笑，缺乏大胆参与训练的勇气和信心。对于这样的人，首先要正视自己的不足，同时要相信自己，只要通过积极认真地训练，就能提高自己的表达能力。另外，还要树立信心，大胆地去训练，才会取得显著效果。

除以上三点外，方言太重、普通话基础差，以及惰性因素也是影响师范生口语表达能力不可忽视的因素。

二、师范生口语表达能力培养的形式

（一）日常口语表达能力

1. 词语通俗生动

师范生在日常口语中不用或少用文言词、书面词语、专门术语和生僻词。提倡多用形象性词语、惯用语、成语、谚语和歇后语等。

2. 句子简略灵活

句子要短，可省略的尽量省略，要表达清楚，不要拖泥带水。有的句子意思相同但句式不同，师范生要根据场合、对象、目的等灵活地选择使用。

3. 语气丰富多彩

师范生的日常口语要根据交谈的目的、对象、场合及需要表达的感情、态度等选用适当的语气形式。

4. 讲究文雅

师范生在日常口语中要态度温和、用语高雅、体态自然大方，不粗鲁庸俗。在公众面前恰当地使用体态语会加深对方对自己的第一印象；相反，如用得不当也会影响表达效果。比如，当有人说"请进"时，如果面带笑容，注视对方，微微点头伸手示意，诚恳之意就能更深刻地表达出来；如果板着面孔，头往上抬，就会使人感到有轻视、不尊重之意。另外，还要注意自己的身份和谈话对象，针对性别、年龄、民族、文化程度不同的人，说话时也应有所区别。还要注意谈话的场合和策略。同是批评一个人，双方如果开诚布公地谈，对方易于接受，如果在公众场合揭露别人的短处，就起不到批评的效果。

（二）专项口语表达能力

1. 讲故事

讲故事是用通俗形象的语言讲述真实的或虚构的、富有吸引力和感染力的事情，有利于培养师范生的口语表达能力。

讲故事的基本要求为：

第一，选材要有明确的立题，要注意思想性、知识性和娱乐性的统一，同时还要考虑听众的特点和爱好。

第二，讲故事不是照本念背原稿，而是把书面词语口语化、亲切化，使之讲得生动形象。还要精心设计开头与结尾，以引起听众的兴趣。

第三，"讲""演"兼顾。讲故事时应当运用表情、动作、姿态，特别是眼神和手势，既可吸引听众视觉，又可引发人们的想象，但要注意掌握分寸。还可运用口技模拟多种声响，渲染气氛，增强故事的真实感。

2. 台词表达

话剧台词是话剧艺术的基本功，可作为培养师范生口语表达能力的手段，有助于师范生今后教学语言艺术的提高，同时对今后指导学生进行小型话剧等排练有帮助。

台词表达的基本要求为：

第一，剧本是台词表达的依据，只有认真钻研剧本，理解剧本所述事件的背景、主题、人物个性等，才能使台词表达得准确、生动。

第二，表演者要产生丰富的联想，把角色的心理活动变为自己的心理活动，真正进入角色。

第三，注意运用一定的语言表达技巧。首先，要对不同人物进行声音造型，如对青少年的声音宜多用口腔、头脑共鸣，用较高声音部位，而对老年人的声音多用咽腔、胸腔共鸣，声音深厚、苍劲。其次，对高呼与低语、快板与慢板要注意掌握它们的节奏。高呼与低语要求使听众听得清楚明白，真实自然；快板台词要求快而不乱，节奏明快，慢板台词要慢而不散，声音低沉，语调平缓。

3. 口头作文

口头作文是按要求口述自己创作的较完整的文章，就是在一定条件下即兴讲话的能力，它要求有朗读、背诵、复述、讲故事的基础，根据命题要求组织段落、层次，出口成章，从而有利于培养师范生口语表达能力。

口头作文的基本要求为：

第一，言之有物，中心突出。口头作文要有真实、具体、典型的材料，中心突出地说清一件事或一个道理，不允许有政治性和知识性错误。

第二，言之有序，详略得当。口头作文要条理清晰，说话要有连贯性，逻辑性。

第三，言之有情、声情并茂。口头作文是有声的文章，感情表达要真诚，说理抒情都要求简洁、明快，语调、语气都要注意恰当掌握，这样才能声情并茂。

4. 演讲

演讲又叫演说、讲演，是指在公众场合对某些问题或事件发表自己见解的语言形式。按准备情况，演讲可分为有准备性演讲和即兴演讲；按内容，演讲可分为工作性演讲和学术性演讲。演讲在学校教育、教学中都有较重要的地位。无论是对思想教育，还是对课堂教学以及培养师范生口语表达能力，都具有重要意义。

演讲的基本要求为：

第一，观点正确，题材新颖。演讲者阐述论题的观点要正确、鲜明，运用科学的世界观和方法论观察、思考问题，阐述道理才能远见卓识，论题新颖别致才能达到演讲的效果。

第二，逻辑严密，生动形象。演讲过程要层次分明、条理清晰，阐述概念要准确、判断正确、逻辑性强，才能使人信服。切忌抽象的说教，要用生动简洁的语言，辅之以表情、手势阐述自己的观点，并能用恰当的幽默和比喻使听众在笑声中理解深奥的道理。

第三，鼓动人心，号召力强。鼓动性是演讲者通过演讲引起听众对美好事物的肯定、向往，对丑恶事物的否定、抛弃，从而获得一种信念。号召性是演讲者在鲜明的观点支配下提出的恳切而热烈的希望和奋斗目标，号召要具体、切合实际，不能空洞，也不能唱高调。

5. 辩论

辩论是对立双方就一个观点、立场、事件进行针锋相对的争辩。它是以辩解和争论为主要表达方式的会话形式，对培养师范生口语表达能力有积极的作用。学术答辩、外交谈判、法庭辩论、设计方案论证等都离不开辩论，辩论可分为自由辩论和专题辩论两类，前者没有专人组织，也不一定要达成共识；后者有组织、有准备、有程序地进行，最后主持人总结要达成一定的共识。

辩论的基本要求为：

第一，论点鲜明，论据真实。辩论一开始，正、反两方就得毫不含糊地摆明自己的观点，引论据材料证明自己的观点，材料必须明确、有力，否则将不攻自破。

第二，听辩冷静，应对灵活。在辩论中，要冷静、专注地听对方的辩词，并作简要记录，透过纷繁的材料，发现对方的疏漏以及思考应采取的相应对策。在应对中熟练地表达，灵活机敏地答对，才能抓住先机，取得主动。

第三，逻辑严密，言之有理。在辩证中，只有熟练地运用逻辑推理，方能抓住论题的分歧所在和对方论据的不充分之处，切中要害，句句在理，出奇制胜。

第四，思路开阔，方法多变。面对论题，要从多角度，多方面进行思考，选出最佳出发点和立足点，深思慎取，敢于疑人所不疑，言人所不言，充分运用"意料之外，情理之中"的论辩技巧，才能取得胜利。

（三）教学口语表达能力

教学口语是进行课堂教学的主要工具，是教学的基本功。教学口语的水平直接决定了课堂教学的效果，对学生语言和思维能力的发展也具有重要作用，所以师范生要注重培养自身的教学口语表达能力。

1. 教学口语的基本要求

（1）科学性

教材的科学性决定了教师传授知识的科学性。师范生在实习教学中要根据所教学科的专业特点，准确使用科学术词，做到知识概念确切严密，表达准确。

（2）艺术性

教学既是科学的，又是艺术的，师范生在实习教学中不能只满足于把知识讲得准确、明白，更应当用充满感情、节奏感强的语言去吸引学生，善于使用多种修辞手法、态势语来提高口语表达的表现力和感染力，做到情真、意切、音美，让学生在一种美好的氛围中学习知识，接受教育。

（3）教育性

师范生要注意挖掘教材的思想性，对学生进行政治思想和良好道德品质的教育，师范生要善于运用教学口语的启发性说服力，拨动学生心弦，激发学生对知识的渴求和对美好情操的向往。

（4）双向性

教学活动是双边活动，师范生应从学生的年龄、知识、心理、性格等特征出发，用教学语言连接师生心灵，根据学生的反馈信息及时调整教学语言和方法，充分调动学生这一主体的作用。

（5）综合性

教学口语需要多种语言形式的有机配合，有独白也有对话，有口语也有书面语（板书），有有声语也有无声语（态势语），师范生在教学中要善于调动不同语言形式，只要做到协调一致，就能发挥它们在教学中的特有作用。

（6）规范性

普通话是职业语言，师范生在教学时要使用标准的普通话，在语言、词汇、语法等方面都要符合普通话要求，这样才能为学生学习、模仿、借鉴树立榜样，这对我国语言的统一规范会产生深远影响。

2. 教学口语的类型

教学口语以其作用来分，可分为组织教学语、课堂结构语和阐释教材语。组织教学语包括提示语和指导语。课堂结构语包括导语、过渡语和结语。阐释教材语包括提问、讲述、演讲等。下面仅针对几种有代表性、常用的教学口语来说明如何培养师范生的口语表达能力。

（1）导语

导语的基本要求为：第一，目的明确。必须从教学大纲、教材内容出发，根据教学的目的和对象进行设计。要有利于激发学生的求知欲，集中学生的注意力。第二，简明扼要。导语不是教学主要环节，用时不宜太长，一般不超过三分钟，导语必须简要。第三，新颖有趣。每讲一课，可根据不同内容设计出新颖有趣的导语激发学生的兴趣，切忌千篇一律，空洞呆板。

（2）问答

问答也叫谈话，是师生间围绕教材的有关知识进行的对话，即指师范生在教学时，要根据教学的目的要求，有计划、有目的地向学生提问，并引导、启发学生积极思考和回答的过程。问答包括提问和答问，下面重点讲述提问。

提问的基本要求为：第一，认真准备，有的放矢。师范生课堂提问不能随心所欲，应在备课中根据教材、大纲要求，明确重、难点，并把握教材的内在联系，在全面了解学生基础和接受能力的基础上进行提问设计，这样才能有的放矢。第二，抓住关键，深浅适度。师范生提问时要根据能突出重点、突破难点的关键性问题进行精心设计，切忌节外生枝，提问要以学生经过思考或在启发下能得出答案为宜，如问题太浅，容易回答，学生就容易养成思维惰性；如问题太难，学生苦思而不得解，就容易挫伤学生学习的积极性。第三，面向全体，贵在启发。提问要让所有学生都能听清，都有机会发言，针对问题的性质和难易，选择不同类型的学生回答，提问要巧设疑难，造成悬念，激起学生思维的火花，当学生思维处于"疑虑"时，要善于启发点拨，使之有"柳暗花明又一村"之感。第四，讲究实效，加强指导。要认真听学生回答问题，分析回答得对与不对，明确表态，不能不了了之，要有一个准确的结论，有时还要根据学生的反馈，及时调整提问内容和方法或改为讲解，还要注意对不敢发言者热情鼓励，对发言不得要领者加强指导，对于学生回答的语言、姿态也应加以评价，使他们提升语言表达能力。所以，师范生在实习教学中要培养自己的口语表达能力，重视提问的作用，提高教学水平，提高教学质量。

（3）讲授

教材知识深度已超越学生知识水平和理解能力，就必须进行讲授。讲授不仅要系统、准确地传授知识，而且要对学生语言、思维的发展和思想意识的提高产生潜移默化的教育、感化作用。

讲授的基本要求为：第一，科学准确。讲授的知识要忠于大纲、教材，科学、准确，不允许在讲授中有知识性和科学性错误；否则，不能保证讲授质量。第二，有计划、有系统、循序渐进。讲授前要根据学生的实际水平和认识规律制订由浅入深、由近及远、由具体到抽象的讲授计划，授课时按事先准备好的内容和次序有条不紊、循序渐进地进行，并根据学生的反馈信息，努力使学生把握讲授思路，这是提高讲授质量的重要因素。第三，情感充沛，充满信心。讲授时，师范生对所讲内容充满强烈感情，就会使学生受到感染，引发思想和情绪上的共鸣；对所讲知识充分了解、掌握，有讲好的信心，也会增强学生学习、掌握知识的信心，提高讲授效果。第四，掌握讲授内容，把握讲授节奏。讲授要抓住核心，讲重点、难点，讲学生似懂非懂的地方和易误解的知识，力求精讲多练。讲授中要注意合理分配时间，使课堂结构疏密相间、起伏有致、讲练结合，使学生情趣盎然。第五，语言通俗，形象生动。讲授的语言直接影响讲授的效果，也影响学生语言和思维能力的发展。因此，师范生在讲授时一定要语言清晰、通俗易懂、生动形象。语言的速度、语调、语气都应恰当地掌握才能收到良好的效果。第六，广泛运用直观及现代化教学手段。要达到教学的形象性，单靠语言描述是不够的，还应采用直观手段来配合和补充。师范生在讲授中要广泛使用实物、模型、标本等教具进行演示，还要充分发挥幻灯片、录像、电影等电教手段的作用，使教学更具体形象、生动有趣。师范生在实习教学中，要重视讲授的作用，提升自己的口语表达能力，提高教学水平。

（4）结语

结语又称为结束语，是一堂课结束时的讲话，是课堂结构中最后一个环节。良好的结语能总结归纳学习内容，加深印象，增强记忆，预示新的学习知识，起到前后呼应、过渡自然、连贯的作用。

结语的基本要求为：第一，准确。结论是对所学主要内容、重点、难点的总结、强调，所以结语一定要准确，要精心设计，不能信口开河。第二，简洁。简明扼要才能突出重点，切中要害，要用简洁的语言把所讲知识条理化、规律化，使其起到画龙点睛的作用。

总之，在培养师范生基本教学能力时，要注意对口语表达能力的培养。口语表达是师范生教学过程中的一项必备活动，师范生培养自身的口语表达能力有利于更好地开展教学，提高自己的教学水平，提高教学的质量。

三、影响师范生口语表达的心理因素

师范生口语表达能力至关重要，但由于各种心理因素的制约，极大地影响了师范生口语表达能力。师范生只有克服心理障碍，提升口语表达能力，才能成为合格的师范生。一般认为，影响师范生口语表达能力的心理因素有下面四个方面：

1. 学习目的

学习目的是指学生学习所要达到的结果或要实现的目标。学习目的明确、学习自觉性高的学生能认识到个人学习与社会进步、人类事业的关系。学生有高度的责任感和事业心，能以极大的热情、坚强的毅力、勤奋钻研的精神持之以恒地去从事学习活动。师范生的学习目的，就是把自己培养成合格的中、小学教师，如果连专业思想都还未得到最终解决，就不能以极大的热情、坚强的毅力、勤奋钻研的精神去进行口语表达交流，提升自己的口语表达能力就是一句空话。

2. 学习兴趣

学习兴趣是学生学习需要的情绪表现，通常称为求知欲。它是学习动机中最现实、最活跃的因素，是从事学习活动的一种精神力量。学生对感兴趣的东西应主动愉快地去探索，由此才能取得良好效果；相反，如果师范生对口语表达能力兴趣不高或根本没有兴趣，就不可能产生学习的动力，也就不可能实现口语表达能力的提升。

3. 成就动机

成就动机是学生学习的主要动机，是指一个人对自己认为重要的且有价值的工作愿意去做，并力求达到成功的内在推动力量。低成就动机或无成就动机的学生，可能选择了偏高或偏低的任务，而且经常变动所选任务；高成就动机的学生，能积极地向中等难度的课题追求任务挑战，并且能选择有可能完成的学习任务，在失败的情况下也有耐心、有毅力、能坚持，因为他们把失败的原因归于缺乏努力，这种状况是可以通过努力加以控制和改变的。因此，师范生成就动机越强，学习效率越高，在完成学习任务时充满信心，并力求获得优异成绩。培养口语表达能力同样如此，要乐意去做，并力求获得成功。

4. 交往动机

交往动机是指人们愿意与他人交往，交流思想、感情，建立友谊关系的需要倾向。在学习环境中学生的交往动机表现为主动参与探讨，参加小组学习活动，喜欢与其他学生交流学习、思想问题。一般来说，交往动机高的学生成绩优于交往动机低的学生。培养口语表达能力不是独自进行的，经常要以组、班级共同练习的形式出现，所以师范生要注意扫除不愿与他人交流学习、不愿参加集体训练的心理障碍，主动提高自己的交往动机，从而使口语表达能力得到显著提升。

第四节　高校师范生写作能力培养

师范生在培养自身的基本教学能力时，要注意对写作能力的培养。写作能力作为一种最基本的能力，同听、读处于同等重要的地位。师范生是未来的人民教师，师范生的写作能力如何，直接关系着他们现在的学习和将来的工作，为了全面提升师范生的教学能力，必须培养其写作能力。

一、师范生写作能力概述

（一）培养师范生写作能力的意义

1. 社会发展的迫切需要

写作，历来在人们日常生活、思想交流中有着重要作用。鲁迅先生说："文章之于人生，其为用决不次于衣食、宫室、宗教、道德。"[①] 随着社会的不断发展，如今出版、广播、电视、电脑等已成为交流信息的重要传播媒介，而这些都必须以书面语言为基础。正如美国著名未来学家约翰·奈斯比特所预言的，未来社会五个急需加强的重点中，第四个就是："在这个文字密集的社会里，我们比以往更需要具备基本的读写技巧。"[②] 著名科学家茅以升也说："对科学技术的成就如果不能用文字表达其思潮与动作，则无法推广，更无法流传后世。"[③] 文化科学技术越发达，越需要人们熟练地运用文字来表达思想，说明事物，交流信息、成果。因此，随着社会的发展，写作将变得更为广泛、更加重要。培养师范生的写作能力，是教育"面向现代化，面向世界，面向未来"的迫切需要。

2. 当好教师的必备条件

师范生想要当老师，离不开制订教学计划、编教案、写学生评语等。若当语文教师，更得指导学生作文，评改作文。一学期结束后，对教学工作要加以总结，有什么心得体会、教学设想，要写论文，交流经验，阐明思想，这些都离不开写作。如果教师本人都不会写，又怎么谈得上去教育、指导学生？更谈不上教学的交流、提高了。师范生要想当好一名教师，必须有意识地进行写作能力训练，使自己具备一定的写作能力。

3. 开启智力，促进思维发展

现代社会的主要特征之一，是人们大量从事智力劳动。写作是一种智力活动，一种从事精神产品生产的复杂的脑力劳动。智力是指人们认识、理解客观事物，并运用知识、经验等解决问题的能力，包括观察力、记忆力、想象力、思考力、判断力等。具体到师范生的写作上，所反映出的智力有选材立意的能力、谋篇布局的能力、语言表达的能力等，一篇文章，就是通过人脑的思维活动，综合

---

① 阎景翰. 写作艺术大辞典 [M]. 沈阳：东北财经大学出版社，2001.
② 裴显生，丁柏铨. 写作学新稿 [M]. 南京：江苏教育出版社，1994.
③ 黄木生，杨敬华. 大学语文 [M]. 武汉：湖北科学技术出版社，2006.

运用多种智力而形成的。如观察生活、提炼主题、设计形象、谋篇布局、调遣语言、修饰润色等，各个环节都需要运用智力进行一系列复杂的思维活动；反过来，写作活动的过程也就是不断开启智力，不断磨炼思维能力的过程，这就促进了智力和思维的进一步发展。

（二）培养师范生写作能力的主要内容

写作既是一种综合性脑力劳动，更是一种实践性很强的活动。写作能力是一个人具有的多方面智力技能在写作中的综合反映。它包括一般的观察、联想、分析、综合等能力和特殊的审题立意、选材、谋篇布局、语言表达等能力。写作能力只能在实践中培养，在训练中逐步提高。师范生培养写作能力的内容主要包括以下几个方面：

1.观察联想能力的培养

（1）观察能力培养

观察指人们运用感官去看、去听、去嗅、去尝、去触摸，并用脑去想，从而掌握观察对象的基本特征的一种活动。写作的源泉来自生活，写作的首要条件是需要对客观事物和社会生活有正确而深刻的认识，而观察是认识客观事物和社会生活的重要方法，是获取写作材料的重要途径。

只有对生活进行细致全面的观察，才可能获得大量真实准确的写作材料。夏衍为写《包身工》，曾冒着危险化装成工人混入工场和住宿区实地察看包身工的悲惨生活，文中才有了"芦柴棒"等令人触目惊心的真实而深刻的事例。可见，观察能力是师范生写作必须具备的最基本的能力。

（2）联想能力培养

联想是根据事物的内在联系，由一种事物想到另一种事物的思维活动。它是由此及彼的一种想象。联想是观察的深化，是架设在此事物与彼事物之间的桥梁。师范生丰富的联想能力是写作的必备条件。它能使其浮想联翩，充分调动生活的积累，写出像"笼天地于形内，挫万物于笔端"的好文章。如秦牧的散文《土地》，由眼前所见的土地联想开去，想到了上下几千年、古今中外有关土地的典故传说，想到了不同阶级对土地的不同感情，更想到了今天人民对土地的热爱，洋洋洒洒数千言，运用丰富的材料，抒发了人民热爱祖国、建设祖国、保卫祖国的豪情壮志，不愧为当代散文的典范。如果师范生写的文章缺乏联想，就可能导致内容单薄肤浅，形式平直呆板。

另外，不仅文学作品或一般的记叙文需要联想，议论文、说明文也需要联想。如类比论证、比喻论证、类比说明等就是运用了联想进行的。

2. 立意审题能力的培养

（1）立意能力培养

立意就是确定文章所要表达的主题，即中心思想。主题是文章的灵魂，文章的纲。一篇文章只有一个主题、选材、结构、语言等都是以表达主题的需要为依据。人们评价一篇文章的成败优劣，就是先看它的主题是否正确、鲜明、深刻、集中。所以，师范生不管写什么文体的文章，下笔之前都要先立意。无意之文，即使材料再详尽丰富，也只是罗列现象，是一盘散沙。可见，主题只能来自生活，来自社会实践。

（2）审题能力培养

审题指的是仔细分析题目，推敲题意，理解命题者意图。师范生写作训练，有时可以自己立意为文，有时则是老师命题或给条件作文，这时就需要先审题，即根据提供的题目或条件的内容、范围来了解题意。只有先弄清所给条件的内容、范围，理解了命题者的意图，才可能正确立意，在规定的范围内确定出一个要表达的中心，否则，就可能文不对题。

3. 选材能力的培养

从生活积累中确定了所要表达的主题后，就要对众多材料进行筛选。材料是一篇文章的血肉。文章的主题必须凭借翔实、具体的材料才能得以表现，才能具有感染力和说服力。但是，师范生大量地罗列、堆砌材料却不能起到鲜明地表现主题的作用，反而会冲淡甚至淹没主题。只有筛选出最典型、最有表现力的材料，才有助于主题的表现。魏巍的作品《谁是最可爱的人》原来用了二十多个材料，后来只选用了三个典型事例，生动鲜明地揭示了志愿军是最可爱的人这一主题。

4. 谋篇布局能力的培养

谋篇布局又叫作结构安排，是依据表现主题的需要，对选取的材料进行统筹安排，使之结成一个有机的整体，成为一篇完整的文章。它包括段落层次的安排、材料的详略处理、如何开头和结尾、过渡照应等。结构是一篇文章的骨骼，如果师范生写出的内容没有一副坚实、完整的"骨骼"，即使主题和材料再好，也只是一堆零乱的、互不联系的东西，灵魂无所附，血肉无所依，只有仔细谋划，作出恰当的结构安排，才能使文章主题鲜明，层次分明，条理清晰，衔接缜密，构成一个有机整体。

5. 运用多种表达方式能力的培养

表达方式是指写作中由表达目的所决定的使用语言的手段。人们用语言文字表情达意，状物抒怀，有时需抒发感情，有时要阐明观点，有时要让人感受具体形象的事物，有时要使人了解某种事物、道理，需要运用不同的表达方式。师范生在写作中常见的基本表达方式有五种：叙述、描写、抒情、议论、说明。

表达方式是使用语言的一种手段，是为表现内容服务的，不同的表达方式在表现不同的内容中有各自独特的作用。各种表达方式的运用往往是以一种为主，综合运用。运用得好，能使文章主题得到充分表现，使文章成为一篇内容和形式完美结合的艺术品。

6. 评改和讲评作文能力的培养

文章写好后，需反复修改，修改是写作的一个重要环节。作为师范生，今后要指导学生写作，还需要具有评改和讲评作文的能力。

评改指对学生作文的评论、修改。目的是指出优缺点，使学生理解并掌握如何书写，从而有利于学生较快地掌握和提高写作水平，同时能起到督促学生认真练笔的作用。讲评是对学生一次作文的综合评述，是就评改中了解到的学生作文的优劣得失进行归纳、综合，加以评论、分析，使学生得出规律性的认识，以利于发扬优点，克服不足。讲评是作文教学中不可缺少的一个环节。

（三）衡量师范生写作能力高低的标准

培养写作能力的目的就是培养学生具有较高的文字表达能力。师范院校的学生今后不仅要教语文学科，还肩负着指导中小学生作文的职责，教授其他学科的师范生同样需要指导学生写作，如制订学习计划，写总结、实验报告、调查报告等。师范生写作能力的高低会直接影响今后教学效果的好坏。衡量师范生写作能力高低的标准如下：

能写比较复杂的四种常用文体：记叙文、说明文、议论文、应用文。记叙文要求具体形象，有一定文采；说明文要准确简明，突出特点；议论文要观点鲜明，说服力强；应用文要真实准确，简洁明快。

其他方面的共同要求：观点正确、鲜明，中心突出，内容充实，感情健康，结构完整，条理清晰，语句通畅，标点正确，书写合格，有一定写作速度。

中文专业的特殊要求为：会改编、创作儿歌、寓言、童话、儿童故事等浅近的儿童文学作品；会评改和讲评学生作文。

师范生要想达到上述要求，必须在写作训练上多下功夫。

二、师范生写作能力培养的形式和方法

（一）师范生写作能力培养的形式

师范生写作能力的培养按不同的标准划分，有不同的形式。按教学的形式划分，可分为第一课堂的训练和第二课堂的训练；按作文表达的方式划分，可分为口头作文训练和书面作文训练；按作文训练的步骤划分，可分为单项训练和综合训练。下面着重介绍单项训练和综合训练的各种形式。

1. 单项训练

单项训练用于写局部、片段或写一实物，或写一自然景物，或勾勒一个人物外貌，或写一个场面。师范生在写作前必须明确目的，知道写什么和怎样写。

例如："冬天的早晨，茫茫的白雾，笼罩了大地。人们分不清哪是天，哪是地。雾仿佛给人们脸上蒙上了一层面纱，叫人看不清对方面孔。它夹带着水汽，把一颗颗的'水银珠'，轻轻地戴在人们的头发上。它又夹着寒气，把人脸冻得通红，叫人手也不敢伸出衣袋。它对树木也毫不客气，用自己巨大的白茫茫的身体盖住了挺拔的雪松、油绿的万年青、盛开的蜡梅……把平时多彩多姿的校园，变成了茫茫雾海。它又像一个威严的天神，伸出巨掌罩住了许许多多车辆，让它们服服帖帖听从它的命令——只能缓缓开动。"

这篇描写冬雾的片段写得真实、具体、生动，比喻和拟人都运用得贴切自然。

2. 小型综合训练

这种训练主要是给材料作文，如缩写、扩写、改写、仿写、给材料进行评论等。这种训练是师范生从单项练习到完整作文的综合训练的一种过渡。

缩写：就是对原文的字数、篇幅加以缩减的写作练习。它能培养写作者的分析和综合能力。缩写时要弄清原文的中心和主要内容，保留主干，剔去枝叶。主要内容的词语要尽量选用，次要部分或压缩或概述，也可删除。缩写前最好编写提纲。

扩写：要求对原文扩展，补充原文的文字发挥的内容。这种方式可以培养师范生的描述能力、联想和想象能力。

改写：是在不改变原文内容的前提下，改变原文写作形式的一种写作训练。这种训练能培养师范生思维的敏捷性和文章的多种表达能力。它或改变记叙的角度，或变换原文的人称，或变换其表现方法，或变换文章体裁，十分灵活。

仿写：是模仿范文的写作练习。如绘画的临摹、写字的临帖，是一种重要的培养师范生写作能力的方式。仿写要求范文要"范"。写前要精读原文，充分理解原文的巧妙构思、精心剪裁、高超技巧及生动语言等。仿写有同题仿写，如学了朱自清的《春》，以《春》命题仿写；还有换题仿写，如学了巴金的《日出》，写一篇《日落》；也有模仿其构思或表现方法进行仿写，如学了《一件珍贵的衬衫》，模仿原文"寄情于物"的表现方法写一篇《一枚珍贵的纪念章》或《一张珍贵的照片》或《一颗珍贵的红五星》等。

给材料进行评论：这种练习是为了写一事一议的小杂文，它不但能培养师范生一般的分析和综合能力，还能培养他们的创造性思维——求同思维、直觉思维和求异思维能力。给材料进行评论的目的是培养师范生透过现象揭示本质、从小事情中议论出大道理的能力。通过这种方式，师范生容易写出有创新的文章。

3. 综合训练

命题作文是全面训练和考查师范生写作能力的一种传统的、重要的形式。它可以培养师范生审题、立意、谋篇布局、遣词造句等方面的能力。命题作文一般有两种形式：一是词句式命题，即以一个词或短语或一个短句命题，如《路》《雨后》《诤友》《在沸腾的日子里》《春满校园》等。二是叙述性命题，出题者叙述一段文字，把各方面的要求包含在其中，由写作者根据这段文字自己确定一个题目。

例如：毕业典礼以后，三个同学一起来到湖心亭畅谈今后的打算。甲同学要学工，准备将来当工程师，为我国科学技术的发展建功立业；乙同学要学商，准备将来当商业大亨，成为百万富翁；丙同学（女）要学教育，从事塑造人的灵魂的工作，为祖国培养更多的有用人才。甲同学说她有远见，乙同学说她是傻瓜。丙同学沉吟了一阵，望着映在湖里的夕阳说："我是不是傻瓜，让时间老人最后裁判吧！"遇到这种形式的题目，要仔细阅读，从中概括出题者的要求。可以这样概括：

体裁：记叙文，但叙中有议。

时间：下午夕阳映照时。

地点：湖中亭内。

情节：夕阳映照湖心亭上，三个毕业生在热烈讨论，他们对将来的志愿各抒己见，谈笑风生，高潮迭起。最后集中在当教师是不是傻瓜的问题上。

题目：《毕业之后》或《三个毕业生谈志愿》

命题作文要想真正起到培养师范写作能力的目的，命题必须考究。正如义务教育大纲指出的："命题作文是作文训练的一种方式。教师可以出一个题目，也可以出几个题目供学生选择，但都要切合学生的生活实际，具有启发性，便于学生展开思路，有内容可写。"题目的具体要求是：简明扼要，贴近生活，新颖醒目，有启发性。如反映校园生活的《一堂精彩的××课》《记一次 ×× 比赛》《野炊》《我选择了"叶的事业"》等都是好题目。

自选题目作文。自选题目作文有时是完全不受任何限制，有时是教师只要求文体，其他均不受限制。它的好处是师范生可以充分调动自己的生活积累和知识积累来选择材料，而题目又依据所选材料来确定。这样写出来的文章更具真情实感，少了矫揉造作，少了雷同之品，多了创新之作。

（二）师范生写作能力培养的方法

培养师范生写作能力的方法有很多，现根据写作训练的内容一一加以简述。

1.培养观察、联想能力的方法

（1）培养观察能力的方法

众所周知，观察是非常重要的，它是人们认识客观事物和社会生活的重要方法，而观察能力是写作实践中最基本的能力，师范生培养这种能力当然也是至关重要的。那么，师范生怎样培养自己的观察能力呢？总的来讲，要根据写作训练计划的总安排通过有目的、有计划、有步骤、由简单到复杂的反复训练来完成。

①进行单项观察训练

这是最基本的培养观察能力的方法，或观察一个人的肖像，或观察一棵树，或观察一朵云，或观察一朵花等。如学习了鲁迅的《藤野先生》，可选择学校内一位有特点的老师仔细观察他的肖像，然后再写。有个学生经过仔细观察后，这样描写他的历史老师："他瘦高个子，长着一头稀疏的略为卷曲的花白头发，'申'字形的狭长的脸上，夹着一副宽边黑色眼镜。额上已刻满皱纹。最漂亮的是他那适中而高挺的鼻子，随着呼吸不停地煽动。鼻子右下边有一颗像无数问号重叠在一起的黑痣，随着他讲课时口唇的一开一翕而上下左右跳动，跳出无数的知识来……"

②多项观察训练

多项观察就不是观察一棵树、一朵花了，而是对一定范围内的多个景物，或一个人物的各个方面，或一个场面进行全面的观察。如朱自清先生对梅雨潭的观察就是全面的，白色的瀑布，像苍鹰展着翼翅浮在天空中的梅雨亭，绿色的梅雨亭等，对梅雨亭的观察是从上到下，从整体到部分再到水花，观察得都很仔细。因此，他才能写出著名的散文《绿》。

③比较观察训练

比较观察就是同时对一类事物中的几种东西进行观察，比较其异同。鲁迅先生在写百草园中的菜畦、石井栏、皂荚树、桑葚等之前，就进行过比较观察，找出了它们各自的特点，故才能写出"碧绿的菜畦，光滑的石井栏，高大的皂荚树，紫红的桑葚"等。训练比较观察能力，可以选择把松树与杉树放在一起观察，也可以把品种不同的几条金鱼装在一起进行观察，还可以选择几位年龄相近的老师进行比较观察，然后写出他们年龄上的共同特征和外貌、言谈举止上不同的特点。

④转移观察训练

凡是观察都有一个立足点（或称观察点）。转移观察是转换观察点，进行多角度的观察。因为事物往往是复杂的，只有做多角度、多方面的观察，才能了解事物的全貌。

培养观察能力的方法，一般有以下四种：第一，居高临下，鸟瞰全场，以观察事物的总貌。第二，移步换景，不断前进，按游览的顺序观察不同的景物。第三，东西南北，面面观察，从不同侧面、不同角度观察对象的各个方面。第四，贴近对象，做特写式观察，即对其各部分细致入微地查看。如一朵牡丹，花有几层，每朵花有几层花瓣，花如何，花蕊怎样，只有贴近才看得仔细。师范生培养观察能力必须注意，要明确目的，选好观察对象和观察点，做好观察记录，并将观察与思考相结合，要反复实践，才能形成最后的观察结果。

（2）培养联想能力的方法

生动丰富的联想是培养师范生写作能力的必备条件，而生活的积累和知识的积累又是联想的基本条件。培养联想能力的基本方法是要找出两种或几种现象之间的联系点，架起由此向彼飞越的桥梁。具体方法有：

①相似联想

这种联想是启发师范生从某一事物或某一现象引起性质上或形态上与其相似或相近的东西的回忆或联想。如朱自清从梅雨潭潭水的绿，联想到北京什刹海的绿杨、西湖的绿波、秦淮河的绿水等，这种联想常用比喻、象征、拟人等手法表现出来。

②相反联想

这种联想是启发师范生从某事物或某现象引起与其性质状态或情境截然相反的联想。如在刘白羽的散文《日出》中，他从日出的壮观联想到日落的情境，因而他在文中先引用古诗"大漠孤烟直，长河落日圆"和"落日照大旗，马鸣风萧萧"写日落的情境，以衬托下文对日出的描写，使文章起伏有致。

③寓托联想

这是寓情于景、托物言志的联想。师范生可以借用一种景象或一个物件寄托自己的思想感情。比如，杨朔在《荔枝蜜》中把小蜜蜂寓托为辛勤耕耘的农夫，许地山在《落花生》中把花生寓托为不求外表、踏实有用的人。

2.培养审题立意能力的方法

在培养师范生的写作能力时，老师都以命题作文为主，因此就需要培养审题立意的能力。审题是写好命题作文的关键，立意是好文章的灵魂。那么，师范生应该如何审题呢？总的来讲，要领会题目的含义，审出题目的范围，确定文章的体裁，把握题目的重点。

（1）领会题目的含义

师范生应该先仔细分析题目，明确题目词句的正确含义。有些有细微差别的近义词要辨别清楚，如"革命先烈"是指死者，"革命前辈"是指生者；又如"诤友"是指能直言规劝自己的朋友，而"挚友"是指诚恳亲密的朋友。

（2）审出题目的范围

作文的题目一般都规定了范围，这个范围大约指写什么时间、什么内容，是主要写人还是写事或是写景等。

（3）确定文章的体裁

一般来说，如题目中牵涉到人物、事件、时间、地点、过程等因素，则体裁基本上是记叙文；如要求提出一个主张、一个观点、一个判断、一个号召或要求驳斥什么，批判什么，则体裁基本上为议论文；如题目有象征意义、比喻意义，要求赞美什么、歌颂什么，抒情味很浓、很含蓄，则体裁大致是抒情散文；如要求说明一种东西的形状、性能、构造、用途或说明某种科学道理，一般应写成说明文。有些题目如《雨后》《路》等，若不限制体裁，既可写成抒情散文，也可写成记叙文。

（4）把握题目的重点

题目的重点就是"题眼"，必须把握。如《难忘的记忆》，重点在"难忘"，难忘的事很多，蛇咬、蜂蜇都很难忘，但没什么意义，应选择有积极意义或对自己影响很大的人和事来写。如《滚烫的多情》重点在"滚烫"，写出师范生在乡村中的小学实习，乡亲们需要师范生回去办教育的火一样的热情和发自内心的尊敬。如有个学生写了篇科学小品《母鸡啼鸣的秘密》，由于把握了重点——"秘密"，揭示了这只母鸡卵巢旁长了一个睾丸细胞瘤能分泌雄性激素的科学道理，因而在征文中获了奖。

题目审好后，就应确定文章的中心，那就是立意了，文章的立意对全文要起到统率、核心的作用。立意要正确，要新颖，要深刻，要单一。如试题是根据《这下面没有水，再换个地方挖》这幅漫画写一篇议论文，很多考生作文的立意是"持之以恒""坚持到底"，这无疑是正确的；但有考生从新的角度立意——"有志者立长志，无志者常立志"，就显得更为新颖和深刻。

3. 培养选材能力的方法

为了培养选材能力，师范生要在平时多积累材料，只有厚积才能薄发。那么，如何积累材料呢？方式有三种：在日常生活中观察、积累；带着问题去调查、搜集；从书本中积累材料。

在日常生活中观察、积累，就是要做生活的有心人，当改革的积极参与者。茅盾在《创作的准备》中说："应当时时刻刻身边有一支铅笔和一本草簿，无论到哪里，你要竖起耳朵，睁开眼睛，像哨兵似的警觉，把所见所闻随时记下来……"

有时为写某方面的文章，但材料并不丰富，就可有意识地带着问题去进行调查、搜集。徐迟为了写陈景润的事迹，到数学研究所向各种各样的人进行了调查，还和陈景润交上了朋友，才写出了《哥德巴赫猜想》。

从书本中积累材料也是重要的方法。古人讲"读万卷书"和"行万里路"，鲁迅要青年们"博采众家"。师范生平时读书要写读书笔记或做"分类卡片"，把重要材料积累起来，写文章时才能"随手拈来"。

平时有了积累，写作时还要注意选材，审定题目，师范生确定了中心后就要认真思考，调动全部生活积累，选择合适的材料。鲁迅先生说："选材要严。"如何才叫"严"？首先，选材要围绕中心，与中心有关的材料就用，与中心无关的材料就不用，哪怕是自己十分喜爱的材料。每篇文章必有一个主旨，必须把重点完全摆在这个主旨上，在这上面鞭辟入里，渲染尽致，使所写的事理情态自成一个世界，突出于其他一切世界之上，像浮雕突出于石面一样。读者看到后，马上就可以对主旨有一个强有力的印象，不由得不受说服和感动。这就是选择，也是攻坚、破理。其次，选材要真实。特别是写新闻、通讯、报告文学、调查报告等。即使写小说，也必须合乎艺术的真实。再次，选材要典型。典型的、有代表性的材料能以一当十，选用来表现主题，可以使文章言简意赅，具有说服力和感染力。最后，选材还要新颖。新颖就是新鲜、别致，富有时代精神。新颖的材料主要靠自己去调查、发现、搜集。只要师范生根据中心的需要把真实、典型、新颖三者结合起来，调动自己全部的生活积累进行选择，就一定能选出好的材料。

4.培养谋篇布局能力的方法

首先，要训练师范生的思想，恰当地安排好层次结构，层次安排就是思路。师范生应从理解、认识的能力入手，把握中心的需要，全盘考虑文章材料的安排、取舍，确定先写什么，后写什么，再写什么，从哪几个方面去安排。这样，有了既严密又活泼的思路，文章才会有好的结构。如写记叙文就必须弄清事情的发展顺序、前因后果、演变过程，确定如何安排顺序。如写议论文，就必须弄清要阐明什么问题，从哪方面论证它，用什么论据，结论如何。正如刘勰在《文心雕龙》

中所说："论如析薪，贵能破理。"意思是说要把"问题"劈开，说透，说到点子上，才能作出重要的结论。

其次，师范生要根据文章总体的结构，安排好文章的段落。段是思维进程中的间歇或转折，便于文章脉络清楚，易于阅读、理解，并给以"停顿"的时机，从而获得思索、回味的余地。分段要注意一个段只能有一个中心意思，各段之间意思上还要有内在联系，做到"分之为一段，合则为全篇"。要注意文章整体的和谐、匀称，段落长短要合度，格调要统一。还要注意段落过渡是否自然。过渡段是作为承上启下的中间段落，常用于议论文中的"由总到分"或"由分到总"时的开合关键处，说明文中说完一层意思到另一层意思的转换处，记叙文中情节的发展处。由顺叙接插叙，由写景转抒情处等也可使用过渡段。过渡得好，文章才能"天衣无缝"。

最后，师范生要考虑好开头和结尾的艺术。开头和结尾对作品的谋篇布局有重要的作用。开头犹如"定调"，调定得准，全曲流畅、和谐。开头好，还能迅速地抓住读者，吸引读者读下去。结尾犹如"点睛"，画龙画得好，不会点睛就不能腾飞。结尾好，能产生"言有尽而意无穷"的效果。古人认为文章应是"凤龙头""豹尾"，即"起要美丽""结要响亮"。开头的方法有很多，通常有：开门见山，落笔入题；借助形象，引人入胜；描写环境，渲染气氛；异峰突起，起势不凡；巧设悬念，吸引读者等。结尾的方法常有：总结全文，点化主旨；展示未来，鼓舞斗志；饱含哲理，发人深省；出人意料，震撼人心等。

5.培养多种表达方式能力的方法

师范生在培养自己的写作能力时，有多种表达方式。叙述、描写、抒情、议论、说明是文章的基本表达方式，在某一种文体中主要运用某一种或两种表达方式，但其他方式也要综合运用。

（1）培养叙述能力的方法

叙述是对人物的经历和事件的发展变化过程所作的介绍和交代。它是写作中最基本、最常用的表达方式。叙述事件要抓住六个要素：时间、地点、人物、事件的起因、经过、结果。学习叙述的方法应当注意以下两个方面：

①把握好叙述的人称

在叙述中，写作者以当事人的身份——"我"或"我们"来叙述，便是第一人称。它的好处是："我"直接面对读者陈述，能使读者感到十分"真实"和"亲切"，且能使文章"个性"色彩鲜明，如《狂人日记》《一件小事》。它的局限是：非自己的所见所闻就不能写，他人"内心世界"的具体活动也无法捕捉。叙述中隐去自我，用客观的"他"或"他们"去称谓人物的叙述，叫"第三人称"。其好处是：作者的"视点"不受任何限制，可以突破时空的束缚具体细致地再现生活的本来面貌，反映现实很自由，如《药》《藤野先生》。其缺点是：不够亲切自然，并且它由于是"全知全能"的叙述，往往削弱其真实性。有时在作品中，叙述者面对读者或作品中的人物直称"你"或"你们"，习惯上称为"第二人称"，如鲁迅的《这样的战士》。这种叙述"贴近"读者，适宜抒发强烈感情，往往在"画龙点睛"处使用，产生强烈的效果，但难度大，使用不好会弄巧成拙。

②把握好叙述的顺序

叙述的顺序，最基本的有顺叙、倒叙、插叙、平叙。

顺叙是按时间的先后及事物发生、发展的过程从头到尾地叙述下来。它的优点是使事件层次分明、条理清晰。如《大渡河畔英雄多》，就是完全按照强渡大渡河这一战斗过程的先后次序来写的。如记"一次春游"或"参观记"等，可用这种方法。顺叙的缺点是平铺直叙，缺少波澜。

倒叙就是把事件的结局或事件中最突出的片段提到前边来叙述，然后再按事件的发展顺序进行叙述。倒叙可以制造成悬念，迅速抓住读者，引起读者的兴趣。如《祝福》一开始就把祥林嫂的悲剧结局摆出来，设下使人急于知道的悬念。如写《难忘的枪声》《童年轶事》都可采用倒叙。

插叙是在叙述过程中，由于某种需要，暂时把叙述线索中断而插进有关的另一些内容，插叙多为交代、诠释、连带叙介等。如《包身工》主要叙述包身工一天的悲惨生活，但中间插进了包身工制度的由来、资本家对包身工的残酷剥削等叙述。

平叙指平行叙述同一时间内在不同地点发生的两件或两件以上的事。如《安娜·卡列尼娜》就是两条线索叙述，一条是安娜的故事，一条是列文的故事。《藤野先生》也是两条线索，一条是藤野先生，一条是鲁迅自己。平叙中两条线索互有联系，交叉叙述。采用平叙要合理安排，把两件事的头绪梳理清楚，才能有条不紊。

（2）培养描写能力的方法

描写就是用生动形象的语言，把人物或景物的特点、状貌具体地描绘出来。描写主要运用于记叙文，特别是文艺作品，其他文体也常用。师范生练习描写时应注意以下两点：

①学会写人物

文学的描写主要对象是人，师范生要学会创作童话、儿童故事等儿童文学作品，就必须学会写人，写人可以先分项练习，写人的肖像、语言、行动、心理四个方面，再综合练习写一个人物或几个人物。

②学会写景物

景物描写是对自然环境和社会环境所作的形象描写。它可以展示自然界的美好风光，也可以表示人物活动的背景，还可以表现作者的思想感情。写景要抓住特点，如许多人写过香蕉树，而曹靖华先生写来独具特色："丈把长的蕉叶，迎风舒袖，葱翠欲滴，婀娜妖媚，意态万千。那些含苞待放的深紫色的肥大蕉叶，调皮鬼一样，从那些迎风轻拂，婆娑弄影的广袖下，悄悄儿探出来……"描写景物，最好还能与作者或作品中人物的感情融汇在一起，达到情景交融的境界。《西厢记》中"长亭送别"就是情景交融的千古绝唱："碧云天，黄花地，西风紧，北雁南飞，晓来谁染霜林醉？总是离人泪。"

（3）培养抒情能力的方法

抒情即抒发感情，是作者或文章中人物表达主观感受，倾吐心中情愫的文字表露。抒情分为直接抒情和间接抒情两种。

直接抒情是经常使用的抒情方法。使用时前面必须作铺垫，待"时机"成熟时再顺"势"而发，否则会流于空喊口号。魏巍的《依依惜别的深情》中，当写到送行的人们在"泪雨"中行进时，作者情不可遏，直抒其情："我的一滴泪，也止不住滴在这千行泪雨中。啊，亲爱的、可敬的朝鲜人民！在纷飞的战火中，你是那样的刚强！敌人把你的城镇变成了废墟，你没有哭；敌人把你的家园烧成了灰，你没有哭；你真是一把拉不断的硬弓，一座烧不毁的金刚！可是今天，当你的战友——中国战士们要离开你的时候，你却倾洒了这样多的眼泪！仿佛要把你们每个人一生一世的眼泪，都倾洒在今天！你是多么刚强而又多情多义的人民！"这段抒情充分表现了作者对朝鲜人民的爱。

间接抒情是借助对人物或事件的叙述或描写来抒情。这种抒情，"事"本身必须感人，事不动人，感情很难"投入"。仍以《依依惜别的深情》为例，作者在叙述亲人离别前一天晚上的情况时，就注入了浓郁的抒情色彩，文中这样叙述："……拂晓，这是深秋的拂晓呵，可是人们已经走出来了，穿着单薄的衣裳走出来了。老人们戴着高高的乌纱帽。妇女们顶着竹篮，背着孩子。人们都拿着枫叶，就是背上的孩子，小手里也拿着枫叶。他们站在大路边，站在寒气袭人的晓风中。"这段叙述抒发了作者对朝鲜人民深深的赞颂和朝鲜人民对志愿军深深的热爱之情。

（4）培养议论能力的方法

议论就是讲道理，通过摆事实或逻辑推理来阐述道理，明辨是非，表明自己见解、主张的一种文章表达方式。它主要用于议论文，其他文体也常使用。议论文中的议论有三个要素：论点、论据、论证。作者提出的主张观点就是论点，论点必须真实、明确，并且要前后一致，证明论点的事实或理论依据就是论据，事实论据必须真实而典型，理论依据最好是科学原理、定律或伟人的言论。用论据来证明论点的方法和过程就是论证。论证可分为两类：立论和驳论。

①立论

练习立论，先要提出一个观点，观点必须正确；然后再以充分的论据正面证明自己论点的正确性。如提出"教师的职业是太阳底下最崇高的职业"这个论点，就必须用具体事实和名人的论述来证明"教师职业的崇高"，可引用全国一些优秀教师如何艰苦努力，克服了重重困难并用自己的心血和汗水浇灌了一株幼苗，让幼苗茁壮成长的一些事实；还可引用毛泽东、徐特立、陶行知等人赞颂教师职业崇高的警句来加以证明。引用论据充分，最后得出的结论也就可靠。

②驳论

驳论是运用充分有力的论据来驳斥对立面的观点，从而树立自己的观点。反驳可以反驳对方的论点，也可以反驳论据或论证。进行反驳，首先必须摆出"敌论"，抓住"靶子"，找出对方的漏洞，有的放矢地进行。如鲁迅先生的《"友邦惊诧"论》驳斥国民党政府的谬论，先摆出它的荒唐论点"友邦人士，莫名惊诧。长此以往，国将不国"，然后立即用"好个友邦人士"的反语加以否定，接着举出了一系列"友邦人士""不惊诧"的事实来揭露他们的真面目，他们并非友邦人士，而是帮助日本帝国主义和国民党反动政府屠杀中国人民的帮凶。这就抓住了"敌论"的要害，驳斥得非常有力。写作者最初练习驳论可以从小题目入手，如有人说"读书人窃书不算偷""浪费几个馒头值几文"等，均可作为驳论的"靶子"。

（5）培养说明能力的方法

说明是对事物的形状、性质、特征、成因、功用等进行解说的一种表达方式。它主要用于说明文中，其他文体中也经常使用。说明必须符合客观实际，做到概念准确，判断恰当，分类清楚，有条不紊，且能揭示事物的本质特征。说明文的语言要准确、简洁、朴实。

6.培养评改和评讲作文能力的方法

（1）培养评改作文能力的方法

作为师范生（特别是将来当语文教师的相关专业），应该具备评改作文的能力，并且能掌握评改作文的方法。评改作文应该注意以下四点：

①弄清评改的原则

A.坚持政治标准第一，艺术标准第二，内容和形式统一的原则。

B.坚持一分为二的观点，多鼓励、少批评，以正面引导为主。

C.突出重点，照顾一般。

②掌握评改的内容

A.中心思想是否正确鲜明。

B.选材、剪裁是否恰当。

C.层次、段落是否清楚。

D.语言是否通顺。

E.标点是否正确。

F.书写是否工整，是否合乎格式。

以上几方面内容，评改时不能平均用力，面面俱到，应视每次作文的具体要求突出重点。

③掌握评改的具体方法

A.通读全文，了解主要内容、文章思路、层次段落，并随手画出错别字和病句。

B. 逐段逐句边看边改，并恰当加眉批。

C. 复阅一遍，思考主要优缺点，写上尾批，评定等级或成绩。尾批不一定篇篇都写，但最优和最差的一定要写。尾批要简明扼要，抓住重点，有的放矢，还要多鼓励、少批评。

D. 记下作文中的共性问题和典型实例，为评讲做准备。

④采取多种评改的形式

A. 教师书面评改。

B. 找学生当面评改。

C. 启示学生自己评改，小组集体讨论评改，同学交换评改。

（2）培养评讲作文能力的方法

师范生改完每次作文以后，将记下的情况梳成"辫子"，找出主要问题，结合该次作文的目的和要求讲评。讲评的方法一般有三种：

①一般分析，重点讲评

这种方法是先综合分析该次作文的优缺点，然后重点评讲该次作文要求掌握的方法。如该次作文是写游记，主要要求学习《老残游记》中的《大明湖》的"移步换景"法（随游览的路线不断变换观察点，有顺序地写景），讲评时就应着重评讲在作文中是否把握了这种写法，还存在哪些问题。

②集体讨论，教师总结

教师选出一两篇或两三篇有代表性的作文，交由学生评改，然后分组推出代表进行讨论或评讲。在此基础上，教师进行总结。这种方法有利于开发学生智力，培养他们自主评改作文的能力。应注意，选出的文章要有代表性，能起到对比的作用。学生要事先做好准备，发言的代表要拟出发言提纲，不可应付走过场。

③点评式的佳作欣赏

批改中发现了佳作，又能结合该次作文的要求对全班有所启示，即当"奇文共欣赏"。将佳作印发给全班学生，教师对佳作做鉴赏式口头点评，让学生懂得佳作好在哪些地方，还存在什么问题，如何才能锦上添花。这样，学生对照自己的作文，受益会很大。

总之，师范生培养自己评改和评讲作文的能力，除懂得方法，还要经过多次实践才能得以提高。在实践过程中，还应不断收集学生反馈的信息，不断改进自己的评改方法，才能有更大的进步。

（三）写小论文的方法

议论文的种类很多，有政论文、思想评论、学术论文、杂文等，这里讲的小论文是指适合师范生练习的、内容比较单一、篇幅不长的一般性论文。那么，师范生应该如何写小论文呢？

议论文的主要特点是通过直接阐述事理，揭示事物的本质和规律。要写好议论文，必须把握好论点、论据和论证三个要素。以论点为中心，用强有力的论据，采用恰当的论证方法去证明论点。师范生要培养自己写好小论文的能力，必须做到以下三点：

1. 立论要新颖、正确

论点是否新颖、正确，取决于作者的观察力、认识力和思考力。师范生要能深入地分析问题，提出新颖的看法，除了使用求同思维外，还应发挥求异思维，使论点创新出奇。如《长春日报》刊登的《"上梁"和"下梁"》一文，对如何搞好党风提出"上梁不正下梁歪"的观点，这是合乎实际的。但不能说下梁歪都是由上梁不正所致，所以，"无论上梁和下梁，无论领导干部和一般党员、干部，都应无一例外地把作风搞好"，这个论点就是新颖而深刻的。因为它没有停留于一般人们对"上梁不正下梁歪"的理解，而是深入一步针对那种"下梁歪"以"上梁不正"加以开脱的不良风气提出严厉批评。论点要新颖，还要正确。

2. 论据要典型、充分

有了新颖、正确的论点，还要有足以证明论点的论据。如《语言美》中有一篇谈语言美的重要文章，题目为《李发的新生和张敏丽的死》，就用了两个十分典型的论据。其一，《暴风骤雨》中的二流子李发，人们都看不起他，都叫他外号"李毛驴"。肖队长进屯后称呼他的大名，使他很受感动，从此亲近八路军，逐渐变为新人。其二，上海十八岁的待业女青年张敏丽，经常受父母责骂，骂的语言不堪入耳，致使张敏丽难以忍受而服毒自尽。这两个事实论据充分说明了美的语言可以使人新生，而丑的语言可致人死亡，一正一反，十分有力地说明了语言美的重要性。论据除了要典型外，还应该尽可能充分一些。最好是既要有事实论据，还要有理论论据。如有的师范生写了一篇谈改革的议论文，在谈到"改革是走前人未走过的路，做前人未做过的事，必然有许多艰难险阻"这个论点时，引用了鲁迅先生的话"愈艰难，就愈要做。改革，是向来没有一帆风顺的，冷笑家的赞成，是在见了成功之后……"这个理论论据就用得很好，紧扣论点。一篇议论文只有使用了典型而充分的论据，才有较强的说服力。

3. 论证要合理

有了典型充分的论据，要发挥出潜在的功能——真正证明论点，还必须有合理的论证方法和论证过程。初写议论文的师范生的通病就是不能很好地使用论证方法并正确地进行推理。使用什么方法进行论证？如何论证才合理？这正是师范生培养写作能力时所要学的。

通常使用的最基本的论证方法有三种：

（1）归纳论证

归纳论证，即从许多个别事例推出一个一般性的结论的论证方法。如司马迁在《报任安书》中说过这样一段极为著名的话："盖文王拘而演《周易》；仲尼厄而作《春秋》；屈原放逐，乃赋《离骚》；左丘失明，厥有《国语》；孙子膑脚，《兵法》修列；不韦迁蜀，世传《吕览》；韩非囚秦，《说难》《孤愤》；《诗》三百篇，大底圣贤发愤之所为作也。此人皆意有所郁结，不得通其道，故述往事、思来者。"这段话列举了八个事例，从而得出一个普遍性结论，凡扬名后世的人，都是身处逆境，情意郁结，进而发愤著述的人，这就是从许多"个别"推出的一个一般性结论。使用归纳论证时，论证的前提必须正确，而且作为前提的例证要比较充分，推出的结论才具有可靠性。

（2）演绎论证

演绎论证，即从一般性的原理推出个别结论的论证方法。毛泽东同志在《为人民服务》中有一段著名的话："……为人民利益而死，就比泰山还重；替法西斯卖力，替剥削人民和压迫人民的人去死，就比鸿毛还轻。张思德同志是为人民利益而死的，他的死是比泰山还要重的。"这一段话就是一个完整的演绎论证。"为人民利益而死，就比泰山还重"是大前提；"张思德同志是为人民利益而死的"是小前提，"他的死是比泰山还要重的"则是结论。这是逻辑上典型的三段式推理，这种推理在论证时广泛使用。只是应注意大、小前提都要真实，推理的方法也要科学，结论才可靠。

（3）类比论证

类比论证，即是从已知的事物证明与其相类似的事物的一种论证方法。类比论证是从"个别"推出"个别"，即根据甲事物与乙事物之间具有的若干相似点推断出乙事物也应具有甲事物的某种特点或某种性质。运用类比论证时应该注意，一定是相类似的事物才能进行类比，而且所比较的类似点越多，所得出的结论越可靠。

其他的论证方法还有很多（如因果论证、引申论证、排他论证等），不过都是从以上三种基本论证方法派生出来的。只要师范生从这三种论证方法的学习入手，在论证过程中灵活运用逻辑推理，加强小论文写作训练，一定能够写好议论文。

综上所述，培养师范生的写作能力是非常重要的。师范生作为未来的教师，应当不断培养自身的各种写作能力。唯有如此，才能提高自身的教学水平，从而提高教学的质量。

第三章　高校师范生组织教学能力培养

本章为高校师范生组织教学能力培养，共分为两节，分别是高校师范生组织教学能力概述、高校师范生组织教学能力培养的形式与方法。为了符合发展的要求，有必要培养师范生适应当代基础教育需要的各种能力。近几年教育改革不断深入，新的教学方法、教学模式、教学手段相继出现，培养师范生组织教学能力显得更加迫切。要使师范生的素质适应改革开放的新形势，就必须注重组织教学能力的培养。

第一节　高校师范生组织教学能力概述

一、组织教学的含义

组织教学是保证师范生上课有秩序进行的一个基本条件。它的主要任务是使学生做好上课前的准备，包括物质的、心理的、精神的准备。再经过恰当的开场白和出示课题，集中学生的注意力，激发学生学习的兴趣和求知的欲望。任何一堂课都是从组织教学开始的，而且它贯穿于课程始终。师范生从上课一开始就应通过各种方法迅速安定学生的情绪，使学生集中注意力并通过各种方式创造一种良好的教学气氛，使教学进行得既紧张又充满吸引力，并且具有强烈的节奏感，以提高教学的效果。师范生还应善于机智地处理好课堂上各种意外，及时排除干扰，保证每堂课都能按计划进行。良好地组织教学对培养学生认真学习、遵守纪律有积极的教育意义。

组织教学是一项复杂的需要有高度技艺的活动，一方面，要求师范生根据学生在课堂上的反应随时调整课堂教学各部分工作；另一方面，应从自身的素质特点出发抓好组织教学工作，尽量发挥自己所长。

组织教学除了要求运用必要的语言信息外，还要注意能运用各种非语言信息，如充分发挥神态、动作、教室的空间和时间等的作用，最大限度地提高一节课的效率，使每堂课都成为整个课堂教学体系中不可缺少的一个组成部分。

组织教学还应具有一定的科学性。科学地组织教材、组织课的进程，计划性强，组织得有条不紊，讲、练、问、演示、板书等安排得严密紧凑。科学地分配和掌握时间，充分有效地利用上课的每一分钟。同时，师范生要注意掌握教学中的反馈信息，了解学生的知识占有或缺漏情况，了解学生的知识水平、年龄特点、心理特点、生理特点、兴趣爱好等实际情况，以便有的放矢地组织教学。

二、组织教学的条件和特点

教学的基本组织形式——课堂教学为组织教学提供了必要条件。课堂教学也称为班级授课制，起始于 16 世纪的欧洲，17 世纪捷克教育家夸美纽斯在总结经验的基础上，对班级授课制在理论上做了阐述。由于班级授课制反映了人类社会生产和文化科学技术发展的需要，比以往的个别教学优越，因此逐渐为世界各国所采用，并逐步完善起来。

按照班级授课，把学生按年龄、文化程度分别编成固定的教学班级，每个班级进行同一内容的集体教学；教学内容分科按课时进行，即把每一学科的内容分为许多课时，每课时的内容分量大致均衡，相对完整，前后衔接，一课接一课进行；有固定的课程表，每节课有规定的时间，课与课之间有停歇，每个学科轮流交替进行；班级是进行教学的基本单位，每个学科和班级都有固定的教师。课堂教学的特点要求各科教师科学地组织教材，合理地运用教法，采取不同的教学手段组织教学。

班级授课扩大了教学规模，科学地组织教学可提高教学效率。课堂教学有利于教师发挥主导作用，为教师组织教学提供了时间和空间条件，教师可以有效地排除干扰，合理地组织教材，想办法调动学生的积极性，组织引导学生有计划地掌握知识、技能，能够保证教学的系统性，使学生获得系统的科学文化知识和有规律的学习和休息，符合他们身心发展的需要。

现代教学技术的不断提高，为组织教学提供了良好的条件。幻灯机、录音机、电视机、电影机、录像机、语言实验室等的应用，可使所学知识直观化、形象化，有利于组织教学。利用现代教学技术进行教学可节省时间，提高教学技术，降低教材难度。它可将教材内容化深为浅、化难为易；它可适用于各种技巧呈现高速运动和低速运动、化快为慢、化慢为快；还可化动为静、化静为动，化大为小、化小为大，以及化远为近、化近为远。因此，借助现代教学技术，学生可以感知传统教学中无法表现的事物和现象，如宏观世界的天体运动、星象活动；微观世界的核裂变、细胞分裂、物质的微观结构；从猿到人的历史演变过程以及各种危险场面，如核爆炸、X线辐射、火山爆发、细菌活动、战争场面等，这比靠教师用语言组织教学更易被学生理解。用现代声像技术教学不仅能够使教材生动、形象、感染力强，还可以提高学生的学习兴趣，便于理解和记忆，在心理上给予及时强化，有利于组织教学的顺利进行。

随着教育改革的不断深入，各式各样的教学法相继涌现，如启发式教学、自主式教学、发现法教学，这些新的教学法都注重调动学生学习的主动性、积极性，通过引导促进学生的学习活动，让原来注入的、强迫的、空洞的单向教学方式变为启发的、积极自主的、充实快乐的双向教学方式。这就为教师组织教学提供了更宽广的领域，同时对教师的组织教学能力提出了更高、更严格的要求。它要求教师有科学组织教材的能力；有合理运用教法的能力；有控制课程信息的能力；有维持课堂秩序，活跃课堂气氛，调动学生积极学习的能力。由此可知，为适应当今教育改革的需要，师范院校必须对师范生进行有关能力的培养，特别要培养他们未来工作中所需的组织教学能力、语言表达能力、教学中随机应变的能力。

三、组织教学的类型

在国外的研究中，课堂组织从其基本特征出发，可归纳为十个行为方面，即行为的作用、方法、活动、题目、认知过程、参加人、时间、陈述、教学辅助和规则确定。在实际课堂运用中，每个行为方面又有各自的构成要素。根据我国的课堂组织情况，把以下两个方面作为师范生组织教学的类型：

（一）管理性组织

管理性组织指的是进行课堂纪律的管理。其作用是使教学在一种有秩序的环境中进行。对于课堂纪律的衡量标准，过去和现在有着不同的看法。过去认为一个班级纪律好坏的基本尺度是看上课时是否安静。而现在，人们主张课堂上教师要充分发挥学生学习的积极性和主动性。课堂是学习的场所，既要使学生生动活泼地进行学习，又要有纪律作为保障。因此，在培养师范生教学组织能力时，师范生既要不断地启发诱导学生，又要不断地纠正某些学生的不良行为，保证课堂教学的顺利进行。

1.课堂秩序的管理

在课堂上可能会出现迟到、看课外书、做其他功课、交头接耳、东张西望、吃零食等不专心学习的行为。其原因是多方面的，如教师课前准备不足，上课无情绪，讲课时东拉西扯远离主题，缺乏系统教学导致学生不专心；学生考试成绩不理想、同学之间闹矛盾以及家庭矛盾等，使学生心情欠佳而不能专心学习；社会的不良影响，使学生对学习不感兴趣、厌学等；有时课程的安排也会影响学生的情绪，如刚上完体育课，就让学生思考数学、语文等学科问题，也使学生难以做到精神集中。

要解决这些问题，师范生必须从关心、爱护学生的角度出发，了解他们的问题，倾听他们的心声，和他们做朋友，对症下药地提出要求，用课堂纪律约束他们。只有这样，学生才能心悦诚服地听从教师的指导。

如何处理一般课堂秩序问题，师范生可采用暗示的方法。如用目光暗示，或在暗示的同时配合语言提示："个别同学刚才恐怕没听见我说的话吧。""我的话是不是每个人都听到了呢，我有点怀疑。"在这种暗示还不能起到作用的时候，师范生也可以边讲解边走向不专心的学生，停留在他身旁或拍拍他的肩膀，用非语言行为暗示或提示，并且要不影响其他学生的学习。也就是说，当个别学生注意力不集中而又没有影响到其他同学时，师范生在教学时不宜停下来公开批评学生。除暗示以外，师范生还可以采用向邻近同学提问、排除干扰注意力的诱因、课后谈话等方法解决问题。

2.个别学生问题的管理

无论课堂规则制定得多么切合实际，师范生在教学中多么苦口婆心地诱导教育，个别学生都难免会出现一些问题。但是，师范生应该认识到，个别学生的不良行为大多数不是他们道德观念的产物，不是不可改变的，一般是好奇或不正常心理的表现，应当创造一种互相信任、自然、亲切的气氛，在没有暴力、厌恶的情况下，对学生施加教育影响。对于个别学生，可使用以下三种方法：

第一，做出安排，使他们不能从不良行为中得到奖赏，从而自行停止不良行为。这种方法是当个别学生的不良行为在课堂上出现时，只要不影响大局，不会对周围的学生造成大的干扰，就不予理睬。在可能的情况下，安排其他学生进行一些有益的活动，抵消干扰。如引导学生观察挂图、标本、模型等，或讲述一个生动的事例，用幽默的语言活跃一下课堂气氛等，吸引学生的注意。这种方法师范生可能一时难以接受，但是应该认识到，如果师范生能学会对不良行为不做出反应，就能更恰当地管理学生的课堂行为。师范生对个别学生斥责、恼怒等，学生会认为其无能为力，反而强化了不正当行为。对这种行为不予理睬，使学生感到灰溜溜的，没有趣味，反而削弱了不良行为。

第二，奖励与不良行为相反的行为。即师范生为有不良行为的学生提供一种符合需求的替换行为，这种行为会给他带来一定的奖赏。比如，有的学生在课堂讨论时总爱打闹，影响讨论的正常进行。师范生在教学时可指定他专门思考一个讨论要点，在小组讨论中发言或做小组记录等。如果在小组发言较好，让他对全班讲，并给予表扬和鼓励。此刻，使个别学生在不良行为和替换行为之间做出选择，从替换行为中得到心理满足。为了取得预期效果，对替换行为的奖赏必须是强有力的，足以抵消不正当行为，促使其选择替换行为。

第三，教育与纪律约束相结合。对于一些消极的、严重影响课堂纪律的行为，师范生适当执行纪律约束是必要的。但是对个别学生执行纪律约束不是目的，而是一种教育手段，是为了矫正不良行为。如果在约束之前帮助学生明辨事理，明白了矫正的目的，认识到对他执行纪律是合理的，就可能产生更好的效果。假如一个学生无意或不小心打破了窗户的玻璃，只要对他讲明了利害关系和爱护公共财物的重要性，让他把碎片收拾起来，并适当赔偿损失，学生就会接受纪律要求而没有怨言。在明白道理以后，学生会产生一种内疚感，认识到这是他的不良行为造成的必然结果。

3. 非正式群体的管理

有一些学生会因为兴趣爱好相似而组成小团体，因为并不是像班级、小组那样正式的编制，在此称为非正式群体。有时候，非正式群体的行为与学校要求是不一致的，如果这样的群体中再出现几个"刺儿头"，就会非常难以管理，使课堂教学不能顺利进行，这会让师范生在教学中大伤脑筋。对于这样的情况，师范生应该与班主任积极配合，共同努力，一方面，全面了解学生的情况，耐心做好学生的思想转化工作，避免批评、指责的消极处理方式；另一方面，根据学生的兴趣、爱好、特长、可培养的潜能，给他们布置一定量的任务（如课外实验、课堂实验的准备工作、小调查等）让其完成，指定"刺儿头"负责，再给予一定的指导，保证任务顺利完成，让学生在实践中体会到成就感和学习的重要性，逐渐改正不足。在培养师范生教学组织能力时，要注意课堂秩序、个别学生问题以及非正式群体的管理。

（二）引导性组织

引导性组织是在教学过程中，师范生可以用亲切、热情的语言引导、鼓励学生参与教学过程，用生动有趣、富有启发性的语言引导学生积极思维，从而使学生顺利完成学习任务。

1. 亲切热情地鼓励

这种组织方式不仅适用于好学生，更适用于成绩较差或不善于表达思想的学生。比如，在教学过程中，师范生让学生回答问题时，后两类学生一般都比较紧张，这时应该用亲切柔和的语调告诉他们："不要慌，胆于大一些，错了没关系。"当学生回答得不准确或词不达意时，应先肯定他们的优点及正确的回答，然后鼓励说："我知道你心里明白，就是语言还没组织好。"接着给予适当的提示，使他们能较好地表达自己的思想。对于不能回答问题的学生，要比较委婉地进行处理。如对他说："如果你再仔细考虑一下，我相信你能回答这个问题，请坐下再考虑一下。"经过这样不断地鼓励和引导，他们一定会积极加入教学过程中。当他们正确地回答了问题时，师范生应该用高兴的语气给予表扬，鼓励他们继续进步。在亲切热情的诱导下，学生会乐于接受指导，顺利完成学习任务。

2. 设疑点，善激发

激发学生产生疑问，引发学习的欲望，是调动学生学习积极性、深入思考问题的一个好办法。师范生在教学中要善于提出问题。特别是对于一些重要的教学内容，而学生的理解又比较肤浅时，要激发学生产生疑问。当学生要求解决矛盾的积极性被调动起来之后，紧接着是使学生学会思考，学会运用理论，运用科学的思维方法求得矛盾的解决。正如《学记》中所说："君子之教，喻也。道而弗牵，强而弗抑，开而弗达。"就是说，要启发学生学习，是引导不是生拉硬拽，是激发不是压抑和代替。师范生除了通过提问激发学生学习的积极性之外，还要启发诱导学生掌握科学的思维方法。

所以，师范生在培养组织教学能力时，要亲切热情地鼓励学生，在课程中设置疑点，激发学生的学习兴趣，从而提高教学质量。

四、组织教学的原则

根据学生心理发展的特点及课堂教学任务的要求，在培养师范生组织教学能力时，要使课堂形成融洽的气氛，学生形成良好的品质和习惯，应注意以下几项基本原则：

（一）明确目的，教书育人

育人是课堂教学的重要任务。师范生通过组织教学，使学生明确学习目的，热爱科学知识，形成良好的行为习惯，是组织教学能力的特有功能。各科教学中都渗透着大量德育因素，在传授科学知识时，对学生进行学习目的等思想教育是最有吸引力和说服力的。同时，教学中严谨的治学态度、精湛的教学艺术、高度的责任感对学生都有言传身教、潜移默化的作用，不仅会影响学生的学习态度，而且会影响学生的纪律行为。

（二）了解学生，尊重学生

每个学生都有自己的兴趣、爱好和个性特点。师范生在教学时，只有了解学生，才能根据每个学生的不同特点提出不同的要求，用不同的方法进行教育和管理。如对不善于控制自己的学生，要多督促与指导，帮助他们从小事做起，逐步学会管理自己；对有思想情绪的学生，要采取提醒、鼓励的方法。在对学生进行管理的时候，要尊重他们的人格，坚持正面教育，以表扬为主，激发积极因素，克服消极因素。因此，师范生在发现学生注意力不集中时，不应该斥责、挖苦、讽刺，而应该通过多种方式给予暗示或引导。即使对个别学生，也不在课堂上、在全班同学面前怒斥他，而是课上冷处理、留有余地，课下再解决问题。师范生要想了解学生，就要以平等的姿态和学生多接触，把学生当成朋友一样多交心，遇到问题多从学生的角度思考，才能看到他们的真实情况，听到他们真实的声音。

（三）重视集体，形成风气

集体的舆论是公正的、有威力的。良好的课堂风气一旦形成，可使学生在集体中得到熏染和教育。

集体的精神世界和个体的精神世界是相互影响的。每个人从集体中汲取有益的东西，从集体中得到关心和帮助，在集体的推动下不断进步。每个人的精神世界丰富多彩，又使得集体生动活泼，显现出无限生机。所以，师范生在开展教学活动时，要重视集体的作用，从而形成良好的班风。

（四）灵活应变，因势利导

灵活应变，因势利导一般被称为教育的机智。教育机智是指对学生活动的敏感性以及对学生所发生的意外情况能快速地做出反应，及时采用恰当的措施。其主要体现是机敏的应变能力，能够因势利导地处理问题，把不利于课堂的学生行为引导到有益于学生或集体活动的方面，并恰到好处地处理个别问题。或根据实际情况，灵活地运用多种教育形式和方法，有针对性地对学生进行教育。师范生在培养自身的组织教学能力时，一定要从实际出发，恰当地处理问题。

（五）不骄不躁，沉着冷静

遇事不骄不躁是一种心理品质。它是以对学生的热爱、尊重、理解及高度的责任感为基础的。只有这样，才能公正地对待每一个学生，尊重和维护学生的自尊心，耐心地引导他们进行学习。也只有这样，才能在遇到意外情况时沉着冷静，不为一时的感情所冲动。师范生在处理问题时，要随时意识到自己对社会、对学生所承担的责任，考虑自己的行为后果，从教育的根本利益和目标出发，处理好各种复杂的、棘手的问题。

综上所述，在培养师范生教学组织能力时，要了解教学组织的原则，做到了解学生、尊重学生，重视班集体的作用，灵活改变教学方式，遇到问题时要沉着冷静，发扬民主精神，这些都有利于提高课堂教学质量。

五、提升师范生组织教学能力的重要作用

众所周知，师范院校是对未来中小学校教师进行定向职业培养训练的基地，素有基础教育的"工作母机"之称。师范院校要办出自己的特色，就应该有自己

独特的组织教学方式。因为师范院校的学生将来要做中小学教师，就要求在对师范生加强"三基"（基本知识、基本理论、基本能力）和"四性"（科学性、系统性、思想性、目的性）的基础上，加强专业能力的训练和培养。科学地培养师范生的组织教学能力是师范院校的重要任务之一。

有的学生在校时学习成绩平平，毕业工作后却能很好地胜任教师工作。有的学生在校时学习成绩很好，毕业工作后教学效果却不理想。根据多年来对毕业生情况的跟踪调查发现，原来在校期间当过班干部，具有一定组织能力的学生，工作后教学效果普遍良好；那些在校期间很少抛头露面且组织能力较差的学生，工作后的教学效果普遍不理想。由此可知，师范生在校期间组织能力的高低，工作后组织教学能力的高低，会直接影响教学质量高低。因此，对在校师范生要综合评价，不应只看他的学习成绩，还要看他的语言表达能力、分析问题与解决问题能力、组织教学能力等。师范院校对师范生有意识地进行组织教学能力的培养是至关重要的，这会影响他们以后是否能够胜任教师这一职业。

常言道："好的开端，等于成功的一半。"组织教学是教学过程中的首要环节，是构成课的五个基本部分中的第一部分。演员登台表演注重"亮相"，说书的会有开场白，他们都想一开始就吸引观众，"吊"出观众的胃口。讲台犹如舞台，教师不仅要注重"亮相"，也可适当运用"开场白"，好的"亮相"和"开场白"能使一堂课趣味横生。教育实习时常发现具有组织教学能力的师范生，在上课开始就能将学生的注意力集中起来，在创造了安静、有序、专注的学习气氛的同时，师范生自己有了自信心，会镇定自如地讲解所教授的教学内容，从而取得良好的教学效果。科学合理地组织教学，在上课开始时迅速安定学生的情绪，再经过恰当的开场白和出示课题，集中学生的注意力，创造良好的教学情境是教学顺利进行的根本保障。师范生要将自己的知识顺利有效地传授给学生，就得有意识地培养自己组织教学的能力，为毕业后的教学工作打下良好的基础。

一所师范院校的学生在校学习生活时间虽然不算太长，却是人生道路上的重要阶段。在这段时间里，师范生既要学习数十门的专业知识，又要学习当教师的技能，还要有意识地培养未来工作中需要的组织教学能力、语言表达能力、激发学生学习兴趣的能力、随机应变的能力等。培养人的工作是十分复杂和艰巨的，是一项综合性工程，也是师范生肩负的极其光荣的使命。

第二节 高校师范生组织教学能力培养的形式与方法

一、师范生组织教学能力培养的形式

师范生组织教学能力培养的形式比教学工作中的其他教学环节具有更大的灵活性、机动性和多样性。组织教学能力培养的形式主要有三种：师范生自身素质和修养的培养、师范生课内组织教学能力的培养、师范生课外组织能力的培养。这三种组织教学能力培养的形式是有内在联系的。师范生自身素质和修养的提高，会在学生中产生威信和具有号召力，使课内组织教学顺利进行。而课外让师范生自己组织以及主持一些有关教师能力培养的课外活动，让他们通过集体讨论自己决定活动的计划、步骤和解决活动中出现的各种问题，有利于培养师范生在课内组织教学中随机应变的能力。

（一）师范生自身素质和修养的培养

未来社会的发展、新的经济活动的变革，将对师范生的素养提出更高、更全面的要求。师范生的素养是通过教师的职业道德、职业思想、职业意识、榜样意识、责任意识、求知意识、群体意识、改革创新意识和职业行为实现的。

1.师范生应具有的教师职业道德

师范生在校期间就要有作为教师的意识，热爱人民教师职业和人民教育事业，忠于和献身于人民教育事业，是教师的基本道德规范，是教师全心全意为人民服务的具体体现。师范生应认识到自己将来从事的工作是培养一代新人的崇高事业，它关系着祖国的未来和命运，是太阳底下最神圣的职业，要对教育方针政策和教育目的有深刻的理解。教书育人是一种十分复杂而繁重的脑力劳动，师范生需要具有很高的思想境界，要对教育事业有一种执着的追求，也要具有乐此不疲、矢志不渝的精神。教育工作又是一种周期长的连续性劳动，师范生需要具有为人民的教育事业贡献毕生精力的春蚕、红烛精神。师范生在校期间就要努力学习，使自己具有一定的马列主义理论修养和共产主义道德品质，具有科学的世界观和人生观，严格要求自己，使自己的思想、行为习惯更加高尚。

2. 师范生应具有的职业意识、榜样意识

师范生在校期间应培养自己当教师的职业意识，要认识到未来教师的素养要在师范院校里学习、培养和形成。师范生的一言一行、一举一动、穿衣打扮等都要以一个教师的标准来严格要求自己。国外有许多师范院校在教学楼前、餐厅前、宿舍楼前安置了一面面大镜子，目的在于增强师范生的职业意识，提醒他们按教师的行为准则行事。师范生未来的教育工作具有示范性，在教育过程中，教师不仅是知识的传播者，也是学生的道德榜样，教师在严格要求学生时，必须先严格要求自己，做学生的表率。要求学生做到的，自己要先做到，要求学生不做的，自己先不做。只有这样，才能通过自己的言传身教潜移默化地影响学生。教师良好的品德和习惯对学生的一生都会产生深刻的影响，同时会受到学生终生的尊敬和爱戴。孔子说："其身正，不令而行；其身不正，虽令不从。"要想在学生中产生威信和号召力，就必须处处以身作则，为学生树立榜样，教师要把学生造就成一个什么样的人，自己首先要成为那样的人。真正做到"为人师表"，才能使学生心服口服，才能为今后的组织教学打下良好的基础。

3. 师范生应具有的智能结构

合理的智能结构是合格教师的重要条件。智能结构包括知识结构和能力结构两个方面，是互相联系又互相区别的两个方面。一定的能力要以一定的知识为基础，而能力的发展又影响知识掌握的速度、深度以及巩固的程度等。

师范生应具备的知识结构由两种因素组成，第一种是向学生传授的各门基础知识和专业知识；第二种是教育科学知识和心理科学知识。这两种知识在教育过程中各自发挥不同的功能。

第一种知识可以说是教师用以对学生"加工"的材料。教师把他所掌握的知识转化为学生所拥有的精神财富，赋予他们新的品质。如果教师不具备这方面的知识，教育过程就无法进行。现在，学科分门别类地建立起来，分科教师的知识也逐步专门化。教师的专业知识的主要功能表现在它对教育对象的作用上，知识结构的理论性要大于实践性。另外，教师的专业知识还具有强烈的基础性。教育要求把人类在历史上积累起来的丰富知识的基础部分教给学生。科学迅速发展的当代，在学校教育中，基础知识愈加受到重视。人们普遍认为，掌握各门学科知识的基本结构、基本原理、基本概念是知识转化为能力的中心环节。为此，要求师范生具有基础性较强的知识结构，将教学大纲所要求的知识全部掌握，透彻理解，还要了解专业知识发展的最新成就，及时吸收新的研究成果，不断更新自己的知识结构，充实所学专业的内容。学校教育还要求师范生要有广博的文化科学知识，既要学有专长，又要广泛涉猎，既要精通一门学科，又要研究相邻学科，文科师范生要学点理科知识，理科师范生要学点文科知识。今天的青少年学生思想活跃、求知欲强，他们会提出各种各样的问题，师范生必须具有广博的文化科学知识和多方面的兴趣、修养，才能有效地"解惑"，并满足学生强烈的求知欲，开阔学生的视野，培养学生的开拓精神，获得向学生施加全面影响的手段，使组织教学顺利进行。有人说，教师拥有一桶水才能向学生传授一杯水，是有道理的。

第二种知识可以说是教师在教育过程中的工具。要使各种基础知识和专业知识内化为学生个体的智慧，使之与学生心理结构相结合，就必须按照教育学和心理学本身的性质和运动规律，使之发生相互作用。教师所拥有的教育学、心理学知识虽然并不会直接沉淀到学生的知识结构中去，转化为学生的个性品质，但为教师所必需。所以，师范生应系统地掌握教育学和心理学的基本原理和原则，了解青少年身心活动和发展的规律，以及他们的心理特征和个性特点，懂得教育规律和科学的教育方法，以提高能动性，减少盲目性，由此才能按照教育规律科学育人，使青少年遵循自身成长的规律健康发展。

总之，上述两种知识都是教师知识结构中不可缺少的部分，缺少任何一方面的知识，都会造成教师知识结构的重大缺陷，从而难以发挥功能。为此，师范生在校学习期间要注重这两种知识的学习，为毕业后成为合格的人民教师打下良好的基础。

善于运用教材就是全面了解教材的体系，分清各章节的重点、难点和关键，对教材内容的理解和掌握达到懂、透、化的高度。同时，能根据学生的思维特点和接受能力，对教材进行科学的组织加工，使之成为便于学生接受的知识体系，并能选择和运用最佳教学方法。为此，师范生要具有分析、综合、抽象、概括的能力。

组织教学能力是指为了保证教学过程顺利有效的进行，师范生要具有多方面组织教学的能力。如善于制订教育教学工作计划，并付诸实施的能力；善于组织教育教学过程的各个环节和步骤，使之有组织地开始，有计划地进行，然后有条不紊地结束的能力；善于组织各种有趣的教学活动，满足学生多方面的需要的能力；善于将家庭、社会的力量调动起来，协调配合，形成教育的合力的能力等。

教学活动中的自我调控能力和教育机智就是教师在面对错综复杂的教育情境时，能够正确、迅速、敏捷地作出判断，恰到好处地妥善处理的能力；也是能够快速适应、自我控制以及主动改变主体的智能结构的能力。师范生应懂得，无论怎样研究教育学理论，如果没有自我调控能力和教育机智，就不可能成为一个优秀的教育实践者。

（二）师范生课内组织教学能力的培养

当师范生具备了教师所需的素养后，就会得到学生的敬仰、尊重和爱戴，从而产生一定的威信和号召力，这为课内组织教学提供了有利的条件。课内组织教学包括科学地组织教材、教法，创造良好的课内学习气氛，合理地组织板书。

1.科学地组织教材、教法

科学地组织教材就是从整体出发对应该传授的知识信息进行巧妙的排列组合，使其具有系统性。系统论强调的是整体效应，着眼于整体，立足于部分。也就是说，将教材内容构成一个有机的整体，环环相扣。组织教学中科学地组织教材使子系统协调地统一于整体之下，这一子系统从横的方面看有其相关性，从纵的方面看有其序列性，从总的方面有其整体性，从各自的功能看有其独立性，从学生的学习看有其综合性，故而，研究子系统，即各部分之间的关系并放在整体上来考虑，使其有一个合适的序列是科学组织教材的根本所在。师范院校组织教学时，要将教材中如何处理整体与子系统之间关系的方法传授给师范生，教育他们对所学教材认真组织、巧妙排列，从而使他们在今后的教学工作中能正确、合理、科学地组织教材。

科学地组织运用教法就是根据教学任务、教材特点和学生的实际情况，选择最佳的教学方法。教师是教育者，在教学过程中起着主导作用。这是因为教师受过专业训练，有比较丰富的知识。教师的任务是根据社会的需要和学生的实际，把有关的教学内容传授给学生。学生是受教育者，是学习的主人，只有灵活地运用不同的教学法调动学生学习的积极性，通过学生的积极思考和实际活动，让学生以最简捷有效的方法获取科学知识，把人类的认识成果变成自己的知识财富，把知识转化为能力和思想观点，这样才能促进学生的全面发展。师范生掌握科学的教学方法，可促进组织教学的顺利进行，活跃课堂气氛，充分发挥学生的学习积极性。

2. 创造良好的课堂学习气氛

组织教学能够使教师上课开始就迅速安定学生的情绪，通过灵活运用教学方法和教学手段激发学生的学习兴趣和求知欲望。教师要善于启发，动用语言和教具生动形象地进行教学，让学生动脑、动口、动手，使课堂充满民主的气氛，形成生动活泼的教学局面，调动学生主动学习的积极性。每一堂课都要有严密的计划和组织。组织教学既要有良好的开端创造浓郁的学习气氛，集中学生的注意力，又要能组织好每一堂课的全过程和完美的结束，使每个教学环节一环扣一环，有条不紊地进行。其中，良好的课堂学习气氛可通过出示课题、复习提问、启发诱导、精讲多练、演示实验、激发学生兴趣、运用启发式教法等实现。同时，应对课堂上出现的"偶发事件"妥善安排，机智处理，使课堂始终有良好的纪律和秩序，充分发挥课堂上每分钟的效益。

3. 合理地组织、设计板书

科学地组织设计板书是根据课时的安排和讲授的需要，将课题名称，教学主要内容，重要结论，名词、术语、概念条理分明、重点突出、精心设计写在黑板上。好的板书要少而精、完善、有启发性、醒目。从学生的记忆效果看，好的板书是起到促进作用的，根据调查，通过视觉获得知识信息的记忆，比听觉获得知识信息的记忆要长几倍。由听觉获得的知识能记忆 15%，由视觉获得的知识能记忆 25%，由听觉、视觉两种信号获得的知识能记忆 65%。在教学过程中，教师讲述是听觉的语言信号，板书中的文字、符号、图形、图表、线条、颜色等是文字图像信号。如果课堂教学能做到边讲述，边恰当地板书，就可使学生听视结合，以直观促思维，加深对教学内容的理解，获得较多的知识信息，记忆的时间更持久，最终提高教学效果。所以，师范生要加强"三字一话"的训练，即钢笔字、毛笔字、粉笔字、普通话，这些是师范生应掌握的课堂教学能力。

（三）师范生课外组织教学能力的培养

组织各种课外教学活动是培养师范生组织能力的一种形式。将课内教育和课外教育密切有机地结合起来，是师范院校有意识地培养师范生各种组织教学能力的有效方式。课外教育在发展师范生的个性和各种才能方面起着特殊作用，是课堂教学所不能代替的。它是课堂教学的必要补充，具有活动范围广泛，适合师范生身心特点，以师范生自学、自治、自理为主等特点，还可以使师范生经受各种实际锻炼，培养师范生的独立工作能力、创新能力、组织能力等，为师范生毕业后从事教学工作打下良好的基础。

组织课外活动要有明确的目的性和计划性。师范院校要突出自己的特色，其课外活动要围绕教育工作所需的各种知识和各种教学能力的发展有计划、有目的地进行。例如：通过课外活动培养师范生的语言表达能力，组织教学能力，实践、认知、动手能力，组织管理领导能力等。课外活动有群众性的知识竞赛、书法比赛、诗歌朗诵会、普通话演讲比赛、新年联欢晚会等；由小组几人联合，有根据自己的兴趣爱好和要求组织起来的各种学科小组、技术小组，如制造模型、栽培植物、饲养动物、天文、摄影等；有根据个人的爱好阅读各种书籍、写读书心得或报告、观察、实验、收集各种实物、标本、制作模型等。而每一项具体活动都应明确具体的教育目的，不能为活动而活动。师范生参加各种课外活动虽是自愿选择，但自愿不等于放任自流，学校和有关方面应加强协商，对他们进行正确的引导和指导，使他们通过参加各种活动提高思想、丰富知识、增长才干，增强职业意识，训练和培养一个合格教师应具备的知识、素养、能力等。有目的、有计划地仔细选择活动的内容，丰富教育于活动之中，以期达到最理想的教育效果。

二、师范生组织教学能力培养的方法

（一）了解教育对象的心理特点

在校师范生是未来的教师，他们的教育对象是学生。当代学生的心理特点具有过渡性、矛盾性、动荡性、自主性。师范生要针对学生的这些心理特点进行组织教学。

1.过渡性

学生处于儿童期、少年末期到青年初期，刚好是从儿童期（幼稚期）向青春期（成熟期）发展的过渡时期，处于此时期的学生，心理上既保留着儿童期的幼稚性，又包含着成熟后的独立性和自觉性，正在度过智力发展的关键期，认识能力、认识水平还不完善，个性倾向也不稳定，许多人格特征也正处在形成之中。所以，师范生在组织教学时，对于比较抽象的知识，要多举一些形象生动的例子，以适应学生认识能力的过渡期。

2. 矛盾性

进入青春期的中学生，意味着要从心理上摆脱对双亲的依赖，这种急剧的心理性"断乳"会给他们带来突如其来的不安，在内心深处显现出各种矛盾——努力与懒惰、开朗与忧愁、大胆与怯懦、依存与反抗、企求别人理解又拒绝别人干预等。所以，师范生在组织教学的过程中要有耐性，给学生以安定的感觉，灵活运用教法，鼓励他们大胆探索，启发他们愉快学习，引导他们从矛盾中走出来。

3. 动荡性

中小学生希望受人重视，特别是中学生的自尊心和自信心很强，对别人的评价十分在意，而且血气方刚、精力充沛。但他们思维有很大的片面性，容易偏激，情绪摇摆不定，波动性很大。所以，师范生在组织教学时要富有情感，要维护学生的自尊心，信任尊重、表扬鼓励他们，关心他们的身体健康，语言亲切、教态和蔼、辅导耐心、评语恰当，将他们充沛的精力引导到培养学习知识、发展能力的轨道上来。

4. 自主性

小学高年级学生和中学生都强烈要求独立，感到"自我"的存在，渴望由自己决定自己的事，由自己决定一切，希望别人认同并尊重他们独立的意志和人格。所以，师范生在组织教学时要注重创造良好的课堂民主气氛，将师生关系变为平等互助的朋友式关系，使学生有话敢说，有问题敢提，不感到紧张和压抑。同时，在时间上给学生留些余地，让他们自己多动脑、动口、动手参与学习，充分发挥他们学习的自主性，将被动学习变为主动学习。

（二）为师范生提供组织教学的机会

教学活动是培养学生能力的主要途径，对于师范院校而言，在教学过程中为师范生提供组织教学的机会，就是让师范生参与组织教学管理，参与各个教学环节的组织管理。例如：组织师范生参与备课，有目的的指导师范生评课，从备课中培养他们科学组织教材、识别重点、难点、合理设计板书等组织课堂教学的能力，通过评课，让师范生在学习知识的同时，学会如何传授知识、如何组织教学。有的师范生在教师指导下有目的地进行评课后，深有感触地说："过去教师讲课时，我们只是被动地学习专业知识，从不注意教师在传授知识时运用的教法、手段以及教学环节的运用与衔接，更不去考虑教师怎样组织教学。现在通过评课，我们不仅学到了知识，也学到了传授知识的方法，学会了如何科学地组织教学等。"

在教学过程中，要在课堂上给师范生留点时间余地，鼓励他们参与教学。根据教学内容，布置一些具有启发性的问题让他们提问，引导他们思考问题时思路要宽广，且能抓住问题的本质，还要注意把问题的发问点放在具有思维价值的地方，在问题提问的设计上力求引起思维矛盾。这样有利于培养师范生在组织教学过程中善于提出恰当的问题，集中学生的注意力，激发学生的学习兴趣，活跃课堂气氛的能力。

师范院校应多组织不同层次、不同形式的演讲会，如诗歌朗诵会、即兴演讲会、实习报告总结会、课前十分钟演讲等，且这些活动应由学生自己组织实施，不仅是班干部，也应让每个学生都有组织这些活动的机会。改革学生干部制度，实行学生干部轮换制，让每个师范生都有锻炼自己的组织能力、展示自己的机会。这些活动可以让师范生走上讲台，组织活泼而有序、生动有条理、节奏明快富有逻辑性的课堂，为组织教学奠定基础。

当代青少年学生思想活跃，具有丰富的想象力，会在课堂上提出各种各样的问题，有的超出了教学大纲、教学范围，甚至有的是异想天开。在学生的眼里，教师是万能的，应对他们提出的各种问题都作出合理的解释。这就要求师范生具有灵活、机智解答这些问题的能力。实践证明，能力与知识结构有密切关系。师范院校要改革教学思想和方法，适当压缩课内总学时，增加自学时间，为师范生博览群书、发展智能、拓展知识面、构筑合理的知识结构提供必要的时间保障。这样才能使师范生在广博的知识基础上，对学生提出的各种问题进行判断、推理，给学生一个满意的答复，从而让组织教学顺利进行。

第四章　高校师范生教学创新能力培养

本章为高校师范生教学创新能力培养，共分为三节，分别是高校师范生创新教学理念能力培养、高校师范生创新教学方法能力培养、高校师范生创新教学手段能力培养。

第一节　高校师范生创新教学理念能力培养

一、教学理念概述

教学理念是指教师在职前教育、教学实践和时代精神等因素的影响下逐渐形成的关于教学的理性认识，主要通过教师观、教学观、课程观和教学目的观等体现和表征出来。

进入 21 世纪，随着我国社会对青少年早期教育的重视，以及互联网信息技术的发展，学生的认知水平和认知心理较之前发生了较大变化，教师不再是知识或信息的唯一掌握者，课堂学习也不再是学生学习外界知识的唯一途径。在课程改革的背景下，我国基础教育阶段的教学理念发生了转变，从以教师为主体转变为以学生为主体。

以人为本的教学理念又可称为"以生为本"，即把学生放在教学的第一位，将重视人、理解人、尊重人、爱护人、提升人和发展人的精神贯穿于教育教学的全过程。在教学活动中，学生不仅能学习课本知识，还能获得综合素质和综合能力的全面发展。以人为本的教学理念既尊重学生，又尊重教师，要求师范生在教学中从学生的需求出发制订教学计划，在教学中培养学生的多种能力。全面发展的教学理念则是指全面培养学生的德、智、体、美、劳各方面的素质和能力，促进学生的全面和谐发展。

教学理念是教学实践的目标和方向，在教学中起着极其重要的作用。合理、适时、有效的教学理念能够提升学生的学习效果，确保教学目标的达成。义务教育阶段的课程应当遵循以下五个理念：

（一）立足学生核心素养发展

义务教育课程围绕立德树人根本任务，充分发挥其独特的育人功能和奠基作用，以促进学生核心素养发展为目的，以识字与写字、阅读与鉴赏、表达与交流、梳理与探究等实践活动为主线，综合构建素养型课程目标体系；面向全体学生，突出基础性，使学生初步学会运用国家通用语言文字进行交流沟通，吸收古今中外优秀文化成果，提升思想文化修养，建立文化自信，使德、智、体、美、劳得到全面发展。

（二）构建学习任务群

义务教育课程结构遵循学生身心发展规律和核心素养形成的内在逻辑，以生活为基础，以实践活动为主线，以学习主题为引领，以学习任务为载体，整合学习内容、情境、方法和资源等要素，设计学习任务群。学习任务群的安排注重整体规划，根据学段特征，突出不同学段学生核心素养发展的需求，体现连贯性和适应性的特点。

（三）突出课程内容的时代性和典范性

义务教育课程突出内容的时代性，充分吸收语言、文学研究新成果，关注数字时代语言生活的新发展，体现学习资源的新变化；强调内容的典范性，精选文质兼美的作品，重视对学生思想感情的熏陶感染作用；重视价值取向，突出中华优秀传统文化；注重课程内容与生活、其他学科的联系，注重听说读写的整合，促进知识与能力、过程与方法、情感态度与价值观的整体发展。根据"六三"学制和"五四"学制各自的特点，合理组织与安排课程内容。

（四）增强课程实施的情境性和实践性

义务教育课程实施从学生生活实际出发，创设丰富多样的学习情境，设计富有挑战性的学习任务，激发学生的好奇心、想象力、求知欲，促进学生自主、合作、探究学习；引导学生注重积累、勤于思考、乐于实践、勇于探索，养成良好的学习习惯；关注学生个体差异和不同的学习需求，鼓励自主阅读、自由表达；倡导学生少做题、多读书、好读书、读好书、读整本书；注重阅读引导，培养学生读书兴趣，提高读书品位；充分发挥现代信息技术的支持作用，拓展学生学习空间，提升学习能力。

（五）倡导课程评价的过程性和整体性

义务教育课程评价要有利于促进学生学习，改进教师教学，全面落实课程目标。课程评价应准确反映学生的学习水平和学习状况，注重考查学生的语言文字运用能力、思维过程、审美情趣和价值立场，关注学生学习过程和学习进步。根据不同年龄阶段学生的学习特点和不同学段的学习目标，选用恰当的评价方式，抓住关键，突出重点，加强课程评价的整体性和综合性。注重评价主体的多元与互动，以及多种评价方式的综合运用，充分利用现代信息技术促进评价方式的变革。

二、创新教学理念能力培养的机遇与路径

（一）创新教学理念能力培养的机遇

任何教学理念的创新均需要建立在大量教学实践的基础上。师范生需要到实习学校进行长达一整个学期的教学实践活动，融入实习学校的日常教学活动，有利于师范生近距离观察中小学阶段的教学，并结合最新的基础教育政策，明确基础教育阶段课程教学改革中的重点和难点，并且在实际教学中进行教学反思，为今后创新教学理念奠定坚实的基础。

以《义务教育课程方案和课程标准（2022 年版）》中各学段的要求为例。与之前的课程标准相比，《义务教育课程方案和课程标准（2022 年版）》中的内容组织呈现出新的特点，将教学内容划分为三个层面，即一个基础型学习任务群，包括语言文字的积累与梳理，此为第一层面的学习任务群；三个发展型学习任务群，即实用性阅读与交流、文字阅读与创新表达、思辨性阅读与表达，此为第二层面的学习任务群；两个拓展型学习任务群，即整本书的阅读和跨学科学习，此为第三层面的学习任务群。不同层面的学习任务群的侧重有所不同，体现出尊重学生学习规律的特点。

以基础型学习任务群为例，语言文字梳理要求师范生在教学中引导学生在实践活动中积累语言材料和语言经验，形成良好的语感；通过观察、分析、整理，发现汉字的构字组词特点，掌握语言文字运用的规范，感受汉字的文化内涵，奠定良好的文字基础。不同学段的学习内容存在较大的差异，要求师范生在教学中根据学生的年龄特点和认知规律，联系学生的生活实际，结合识字内容，选择适宜的学习主题，创设学习情境。

在新课程标准下，我国基础教育阶段的教学面临重大改革，无论是即将走出校门的师范生，还是在工作岗位上从教多年的教师，都面临着创新教学理念的任务。

实习模式作为一种师范院校、实习学校以及地方教育部门等多方协同合作的育人方式，能够为师范生创造前所未有的学习机遇。在实习模式下，除了进行教学实践，还可以为师范生搭建优秀一线教师合作平台，使师范生能够得到优秀一线教师的悉心指导和栽培，为师范生创新教学理念能力的培养提供机遇。

（二）创新教学理念能力培养的路径

师范生创新教学理念能力的培养路径，可从以下三个方面着手：

1. 利用教研活动

2022年4月，教育部印发《义务教育课程方案和课程标准（2022年版）》（以下简称《标准》）后，各学科课程标准与之前相比发生了一系列变化，各地方教育机构和学校不可避免地对《标准》进行研究。教研会议作为专门进行教育教学研究的活动，是进行《标准》学习与研究的良好形式。地方教育机构和中小学往往围绕《标准》对具体教学实践进行研究，召开各种类型的教研会议。除此之外，师范院校作为培养未来教师人才的重要机构，也需要明确《标准》的相关内容，及时调整师范生的培养方向。

2. 利用权威机构对《标准》的解读

《标准》发布后，立即引发了社会热议，各个权威教育机构纷纷对《标准》进行解读，明确《标准》的变与不变，并且对《标准》变化背后的我国基础阶段课程的发展趋势进行详细分析。

师范生应及时通过信息渠道关注国家最新的教育改革政策，并及时查阅或学习权威机构对《标准》的解读，结合师范生在实习阶段参加的各种教研会议，对义务教育阶段的教学进行反思。在反思的基础上，逐渐培养和提升师范生创新教学理念能力。

3. 利用师范院校的资料查阅优势

长时间的教学实践有利于师范生真正了解和熟悉我国中小学教学实践，有效提高师范生的教育教学水平。当师范生了解了《标准》的新要求，并通过教研会议和权威机构解读等方式充分了解《标准》的趋势后，实习指导教师就可以引导师范生积极了解国内外先进的教学理念，并结合我国中小学教学实践进行反思。师范生可以充分利用大学图书馆和信息化建设资源查阅相关资料，为创新教学理念能力的培养奠定基础。

综上所述，创新教学理念能力是我国基础教育改革持续深化过程中师范生重要的能力。创新教学理念能力的培养必须建立在大量教学实践的基础之上，实习为师范生提供了长期在一线进行教学实践的机会，通过各级教研会议，借助社会权威机构解读，以及利用大学图书馆、信息化建设资源，培养师范生的创新教学理念能力。

第二节　高校师范生创新教学方法能力培养

教学方法是在教学中使用的具体方法。教学有法，教无定法。教师在教学时应选择适合的教学方法。教学方法并不存在优劣之分，适合学生的认知特点，能够激发学生的学习兴趣即可。本节主要对师范生创新教学方法能力的培养进行详细分析。

一、教学方法概述

教学方法贯穿于课堂教学的各个环节，任何一个环节，师范生均需要对具体的教学方法进行选择，且不同课堂教学环节中使用的教学方法存在一定的差异。

受不同教学理念影响，教学方法的选择存在较大差异。在课堂中使用的教学方法通常在教学中起着更大的作用。在新课程标准下，中小学课堂教学方法的创新通常以学生为主体，在坚持科学性原则、因材施教原则、循序渐进原则、启发性原则的基础上，进行教学方法创新。近年来，对中小学课堂教学方法的创新包括互动式教学法、合作学习教学法、研讨式教学法、启发式教学法、多媒体教学法等。

（一）互动式教学法

互动式教学法是一种以学生为主体的教学活动，在日常教学活动中起着组织、发动、引导、控制、支配、推动和促进教学活动开展和实施的作用。在互动式教学中，在认可并重视学生的独立性、自主性和创造性的基础上，根据学校的具体课程安排和学生的基础素质，有目的、有计划、有步骤地开展教育和教学活动。

互动式教学中的互动包括行为互动和精神互动两个方面。其中，行为互动是指学生通过自己的听、说、读、写、交流、讨论、竞争、合作等行为方式与他人发生相互作用和影响。在课堂教学活动中，师范生可通过树立榜样的形式，为学生提供一个可见、可感的学习榜样，通过号召学生向榜样学习引发学生与榜样的行为对比；通过激发学生的学习兴趣和学习动机，引导学生不断发挥自我的主观能动性；通过反思、模仿学习榜样的行为，达到内化榜样优点、提升学生整体素质的目的。例如：以互动教学方法培养学生的社会主义核心价值观，即需要为学生树立一个可知可感的学习榜样，这一榜样通常具有较强的道德素养和社会主义核心价值观，通常以教师本人作为榜样。而对于实习师范生来说，其本人必须具备较强的社会主义核心价值观，互动式教学在客观上能够起到促进实习师范生学习和提升社会主义核心价值观的目的。

情感互动是指学生在课堂互动的过程中，彼此间的情感交流与信任的建立，不依靠具体的行为表现，而依靠相互肯定、相互扶持和相互接受的形式，实现情感互动与情感共鸣，从而满足学生互动的精神交流需求。在课堂教学和互动学习的过程中，必须进行情感互动，尤其是在进行思想政治教育或社会主义核心价值观教育时，师生之间的良好情感互动在教学中起着引导学生培养良好品质的重要作用，学生间的情感互动对激发学生的学习兴趣，培养学生的道德情操起着极为重要的作用。

（二）合作学习教学法

合作学习教学法产生于 20 世纪 70 年代初，该教学法以语言认知理论、集体动力理论、优势互补理论、发展性教学理论和现代教育信息理论等为基础，以研究和利用课堂教学中涉及的人际关系为基点，以目标设计为先导，以师生之间、学生之间、教师之间的合作为基本动力，以小组活动为基本教学形式，并以小组团体成绩为学生教学成绩的评价标准，最大限度地促进学生本人以及小组内其他同学的学习。

与传统的教学观念相比，合作学习教学对于教学活动、教学目标、教学形式和师生关系等均提出了新观点。合作学习认为教学活动是一个信息互动的过程，其互动方式既包括教师到学生的单向、单调互动，也包括教师与教师之间、学生与学生之间的双向互动。合作学习的教学目标呈现出多元化的特点，既要实现认知目标，又要实现情感目标与合作技能目标。教学形式是指合作学习多采用班级授课与小组活动相结合的教学组织方式。合作学习教学法认为，教学应当兼顾教学的个体性与集体性特征，将个别化与人际互动相结合。合作学习教学中师生之间的互动主要有单向型、双向型、多向型、成员型。其中，单向型是指教师向学生传递信息的过程；双向型是指教师与学生之间的双向互动；多向型即教师与学生之间、学生与学生之间相互作用的过程；成员型即将教学视为师生平等参与和互动的过程。除了这四种互动，合作学习还倡导教师之间的互动。

合作学习教学法强调以集体授课为基础，并以合作学习小组作为主体形式，力争实现集体性与个体性相统一。在课堂教学实践中应用合作教学法时，根据合作学习教学法的具体模式可以将其划分为指导型合作学习、过程型合作学习、结构型合作学习、探究型合作学习等类型。

与传统教学方式相比，合作学习教学方式能够起到增加学生知识、开阔学生视野、提高学生学习效率的作用，并取长补短，培养和锻炼学生多方面的能力。此外，合作学习教学法还能够通过师生互动或教师之间的互动，激发学生学习的主动性，提升综合能力。所以，师范生在开展实习教学时，要注意运用合作教学方式。

（三）研讨式教学法

研讨即指研究和讨论，研讨是个体主动进行探索的过程。师范生可以通过多种研究方法探索事物的性质、规律，从而获得解决问题的方案。研讨式教学法具有探索性、开放性、实践性和自主性的特点。

1. 探索性

研讨式教学的本质是探究学习，注重教学过程中的探索性，师范生通过进行自主调查、研究、思索，从而探寻问题产生的原因、问题的本质和解决问题的途径。研讨式教学法可以通过主动发现问题、提出问题，并主动研究和解决问题，从而获得知识和培养能力。

2. 开放性

研讨式教学法中的教学内容以课本为基础，但并不限于课本，而是依托于师范生的知识体系。师范生在研讨过程中可充分发挥特长，使用多种方法对课本内的知识进行学习，并解决课本学习中出现的种种问题，从而拓展学生获取知识的方法和途径，培养学生的创造性思维和开放性思维。

3. 实践性

研讨式教学法不仅注重理论学习，还十分注重理论联系实践，并且针对师范生在实践中遇到的问题进行研讨，寻求解决方法。

4. 自主性

研讨式教学法倡导充分尊重和发挥师范生的积极性，通过确定课题、制定研究方案、进行调查、开展讨论、整理观点等形式，充分激发师范生的学习兴趣和潜能，最终达到实现师范生知识和能力双重发展的目的。

（四）启发式教学法

启发式教学法以学生为教学中心，注重保障学生在教学中的主体地位。师范生在教学中应用启发式教学法，可根据学生的要求和实际情况，积极引导学生参与教学，并且激发学生的积极性、主动性，引导学生主动发现问题、分析问题和解决问题。

（五）多媒体教学法

多媒体教学法指借助多媒体信息技术，将教学设计中的文本、图像、视频、音频等与课程内容相结合的一种教学方法。师范生利用多媒体教学法，能够为学生构建良好的教学环境，从而激发学生的学习兴趣，提升学生的学习效果。

二、创新教学方法能力培养的机遇与路径

（一）创新教学方法能力培养的机遇

课堂教学方法是教师走上讲台必须使用的方法，而创新教学方法能力必须以

大量的教学实践为基础。师范生创新教学方法能力的培养，需要遵循教学能力的发展规律和教学方法的探索规律。

1.教学能力的发展规律

教学活动涉及学生和教师两个主体，在教学过程中，只有师生双方相互协调、相互合作，才能确保教学活动顺利完成并取得良好的教学效果。教学目标的达成，需要依赖教师充分调动学生的积极性，创建良好的课堂环境和学习氛围来实现。而刚刚走进师范院校的师范生，虽然在高校师范教育中学习了大量专业学科知识和教学理论知识，然而这些理论知识由于缺乏相应的实践经验，还未完全转化为教师的教学能力。师范生只有经过大量的教学实践，在真实的教学环境中进行不断练习，才能将理论知识转化为实际教学经验，从根本上提升教学能力。

根据教师的教学能力发展规律来看，随着时间的推移，教师的教学能力水平通常会发生各种变化。一般而言，教师教学能力在参加工作的前两年较低，工作3～6年时，教师教学能力开始提高，工作7～12年时，教师的教学能力达到最高，工作12年后，教师的教学能力开始下降。根据这一发展规律，教师的教学能力随着教学实践经验的增长而呈现出较强的发展性特点。教师教学能力的发展之所以在前12年内呈现出增长趋势，是和其刚刚走上工作岗位时表现出对待教学工作的认真负责的态度分不开的。

师范生在参加工作的前两年，虽然具有较强的工作热情，然而由于缺乏教学实践经验，专业理论知识无法转化为教学实践，因此在教学过程中容易出现缺乏教学预见性和针对性、灵活性较差的现象。此时，师范生在使用教学方法时，以借鉴他人的教学方法为主，较少对教学方法进行创新。当工作3～6年时，已初步积累了一些教学经验，教学能力也得到相应的提升，当工作7～12年时，接触的学生越来越多，在教学过程中遇到的教学状况越来越多，所积累的经验也越来越丰富，使其可以游刃有余地应对教学过程中出现的各种复杂事件，并结合自身的教学风格进行教学方法创新。

教师能力的发展一般要经过适应期、发展期、成熟期三个阶段。在适应期，师范院校的师范生刚刚走出校门，走上教师工作岗位，其主要关注点是熟悉教学内容，认真备好课、上好课，让学生接受、同行认可、校长满意、家长放心。这一阶段，师范生较少会对教学方法进行创新。在发展期，一些师范生在初步掌握教学规律后，会尝试对教学方法进行创新。进入成熟期后，师范生对课堂教学方法的学习与运用已达到炉火纯青、游刃有余的程度，这时他们已经掌握了中小学课堂教学的特点与规律，对各种教学方法心领神会，也更加愿意进行教学方法创新。

2. 教学方法的探索规律

教学方法的探索规律一般需要经历学习、探索、尝试、感悟和创新五个阶段。在学习阶段，参加实习的师范生往往需要广泛涉猎和学习各种教学方法。在探索阶段，实习师范生往往会在教学实践中对各种教学方法进行比较，从中选择合适的教学方法。在尝试阶段，实习师范生可能会尝试将教学方法与教师个人的教学风格联系起来。在感悟阶段，经过大量教学实践后，一些师范生在获得方法实践的感悟之后，可能会进入教学方法创新阶段。需要注意的是，课堂教学方法的使用只有因地制宜、恰到好处，才能达到最佳教学效果。

从教师能力的发展规律和教学方法的探索规律来看，教学方法的创新必须经过大量的教学实践，且前期必须大量了解和学习各种教学方法。师范生可以在实习学校进行一学期的实习，积累教学实践经验。此外，实习活动期间，师范生还可以通过参加听评课、教研活动等，深入了解一线中小学教师使用的教学方法，为师范生创新教学方法能力的培养奠定良好的基础。

（二）创新教学方法能力培养的路径

师范生创新教学方法能力培养的路径可从以下三方面着手：

1. 借助听评课了解一线教师的教学方法

教学活动是一种实践性较强的活动，教师的教学必须在特定的实践环境中进行，教师的实践经验来源于其在特定实践场景中根据学生特点、教学内容等对教学的感悟。从这一视角可以看出，教学实践经验对促进教师教学方法的创新起着重要作用。

师范生在实习期间可以借助听评课的方式，多旁听中小学一线教师的课堂教学，促进自身对教学方法的了解，拓宽教学实践视野。一些师范院校为了拓宽学生的教学实践视野，不但组织师范生参加实习学校本学科一线教师的听评课，还组织师范生参加实习学校非本学科一线教师的听评课，甚至组织师范生进行跨校听评课，为师范生充分了解中小学一线教师的教学方法奠定了良好的基础。

进入 21 世纪，许多学校为了推动课程改革的深化，适应新课标的要求，与其他学校结成了协作学校。协作学校的教师会定期到其他学校进行授课，该校相关学科的教师可以通过对课程进行观摩、进行现场评课和交流等方式，学习协作学校教师的教学理念和教学方法。例如：早在 21 世纪初期，我国某区的几所学校就组建了协作学校，开展学校间教师互相上课的活动。教师在为本校学生上课之余，还会进行教学互换，让不同学校的教师到协作学校相应年级为学生上教学观摩课。而协作学校的校长、教师对课程进行观摩，并进行现场评课和交流。协作学校教师互相上课的活动初衷是为了学校与学校之间进行教师之间的互动与交流，提升教师的教学能力和自主学习能力。

师范生除了旁听实习学校一线教师的公开课或示范课之外，还可获得大量教学实践的机会。在教学实践活动中，师范生可以充分了解中小学生的学习规律和认知规律，有效推动师范生在实践中对学习到的教学方法进行模仿和实践，并引发教学方法反思。总之，师范生可以借助听评课了解一线中小学教师的教学方法，有利于师范生积累经验，为师范生创新教学方法能力的培养奠定基础。

2. 参加教学方法专题讲座或培训

师范生在实习学校学习和教学时，师范院校或实习学校、实习学校所在的地方教育部门为了培养师范生创新教学方法能力，会开展中小学教学方法专题讲座或培训。借助这种形式，向师范生全面介绍中小学教学方法，以及新课程改革下教学方法的创新方向。专题讲座或培训包括如下形式：

（1）实地讲座或培训形式

实地讲座或培训形式是指相关组织者在线下举行的教学方法讲座或培训，主讲人一般为实习学校或师范院校内部拥有丰富一线教学经验的教师。实地讲座或培训形式具有较强的现场感，主讲人在讲课结束后，可以与师范生进行深入交流，回答师范生关于中小学教学方法的有关疑问，有效解决师范生在教学过程中遇到的运用教学方法方面的困惑。

（2）教学录像 + 实地教研会形式

教学录像 + 实地教研会形式是借助中小学优秀教师的教学录像，对该教师在教学中应用的教学方法进行分析。这种形式通常适合师范生学习某一类教学方法，此形式涉及的中小学教学方法种类较少，具有一定的独特性和代表性。

3. 借助教研会议反思教学方法的创新规律

教研会议是一种借助对教学理念、教学方法等的研究指导教学实践的活动。师范院校或实习学校可以通过召开专门的教学方法教研会议或学生认知和发展规律教研会议，深入反思教学方法的创新。在这些教研会议中，师范生可以充分了解教学方法创新的必要性和背景、教学方法的创新规律等。

教研会议可以引发参与会议的教师或实习师范生的教学反思。教学反思是指师范生（教师）为了提高教学质量和教学实效，运用科学的教学原理对自己的教学内容和教学活动过程进行理性分析和审视，总结教学得失，找出改进和提高对策的行为方式的总和。

教学反思是促进师范生成长为优秀教师的一个重要的发展技能要素，是通过自我觉察、反省、反思促进教师的专业素质和能力提升的一种重要方式，其类型主要有课前反思、课中反思和课后反思。

教学反思的内容主要包括反思自身教学理念是否符合新课程改革的理念；反思教学目标是否明确、具体、全面，在教学中是否达成目标或存在哪些问题；反思教学内容的重难点是否处理得当，理论知识讲解是否有误；反思教学活动及其环节的组织与开展过程是否恰当，课堂结构是否合理；反思教学评价是否做到了即时、科学、有效。

教学反思的形式多种多样，既包括对自身的教学进行即时有效的个人反思，也可以通过学校或教研组的集体听课、评课、说课、赛课等形式进行教学反思，进一步改进和提高教学技能技巧。师范生学习和掌握一定的教学反思技能，有利于在将来的职业生涯中不断改进教学方式方法，提升教学能力，促进专业发展。因而，具备这一技能，是促进师范生发展为优秀教师或教育家的重要因素。

综上所述，师范生创新教学方法能力的培养应当遵循教师能力发展和教学方法的探索规律。师范生通过教研会议获得必要知识并进行反思，能够为师范生创新教学方法能力的培养奠定基础。

第三节　高校师范生创新教学手段能力培养

教学手段在这里指教学方法作用于课堂教学时所借助的工具，如挂图、模型、教具、多媒体等。下面主要对师范生创新教学手段能力的培养进行详细阐述。

一、教学手段概述

教学手段是师生教学相互传递信息的工具和媒介。随着科学技术的发展，教学手段经历了口头语言、文字和书籍、印刷教材、电子视听设备和多媒体网络技术五个阶段。

中华人民共和国成立以来，教学手段经历了多个发展阶段，如表 4-3-1 所示。从传统教学手段向现代教学手段发展的过程中，教学手段发生了很大变化。传统教学手段主要指教科书、粉笔、黑板、历史挂图等。现代化教学手段是指各种电化教育器材和教材，即把投影仪、录音机、录像机、电视机、VCD 机、DVD 机、计算机等搬入课堂，作为直观教具应用于各学科教学之中。

表 4-3-1　教学手段发展历程

发展阶段	发展趋势
视听教学阶段	由简单媒体的应用到高档媒体的使用、由城市到农村、由点（星星点点）到面（全面铺开）逐步发展起来
计算机辅助教学阶段	我国教育机构自 1962 年底引入程序教学法，1980 年开始进行计算机辅助教学研究。现阶段计算机辅助教学已在我国各个学段的教育中普及
多媒体教学阶段	在我国发展速度较快，现阶段多媒体教学手段已在我国各学段、各级各类学校中普及
网络教学阶段	21 世纪获得较快发展

纵观我国现代教学手段的发展演变，呈现出信息种类与数量的改变、媒体质量的飞跃、教学手段趋于综合化等特点。教学手段并无优劣之分，只有适合教学人群和教学情境的手段才是良好的教学手段。

近年来，随着科技的发展，越来越多的新科技被应用于教学实践中，为教学手段的改革奠定了基础。师范生作为未来的教师，应当顺应教学手段的发展趋势，不断提升自身的信息素养和创新教学手段的能力。

二、创新教学手段能力培养的机遇与途径

（一）创新教学手段能力培养的机遇

师范生在实习期间可以充分了解我国教学实践中的教学手段，并在尊重学生客观规律的基础上创新教学手段，以取得良好的教学效果。师范生创新教学手段能力培养的机遇，主要表现在以下两个方面：

1. 系统了解教学手段概况

（1）借助教学实践活动了解教学手段情况

师范生可以通过听评会、教研会以及岗前培训会、公开课、说课和微课竞赛等形式，较为系统地了解实习学校教学手段的应用情况。

（2）借助互动与交流了解教学手段情况

师范生通过与实习学校教师之间的交流，可以明确实习学校所在地区的教学手段使用情况，并了解实习学校教师对创新教学手段的意向。此外，师范生在实习期间还可与其他同学保持密切的交流，以便了解其他地区教学手段的使用情况，为在教学实践中培养创新教学手段能力奠定基础。

2. 在教学实践中培养创新教学手段的能力

师范生在教学实践中可以对学生学习和接受知识的特点进行详细了解。而在充分了解学生认知和学习规律的基础上，师范生可以结合具体的教学方法进行教学手段创新，从而达到在教学实践中培养师范生创新教学手段能力的目的。

师范生可以通过创新教学手段的方式，利用现代化多媒体手段或网络教学手段在教学中创设独特的教学情境。这样既有利于激发学生的学习兴趣，提高学生学习的积极性和主动性，也为师范生创新教学手段能力的培养提供了良好契机。

（二）创新教学手段能力培养的路径

师范生创新教学手段能力培养的路径可从以下两个方面着手：

1. 借助听评课培养创新教学手段能力

听评课是学校日常教研活动的主要形式之一，这种听评课的优点是针对性较强，参与听评课的教师必须对该学科的教材和课程较为了解，然而也存在受学科特点限制的现象。

在实习期间，师范生具有较为充裕的时间参加各种听评课活动。师范生可以

在实习指导教师的协调下参加本学科和跨学科的听评课活动。通过不同学科的听评课，师范生可以系统而深入地了解实习学校的教学手段。

（1）实习学校制定师范生本学科和跨学科听评课制度

制度建设是活动的保障，实习学校通过制定合理的师范生本学科和跨学科听评课制度，能够为师范生的听评课活动提供有效的保障。例如：明确实习师范生本学科和跨学科听评课的数量，设置专门的"跨学科听课评课日"。此外，实习学校还应加强对实习师范生听评课活动的过程管理，确保听评课达到良好的效果。

（2）实习学校成立专门的听评课教研网络

通过设置不同层次的听评课教研小组，构建完整的听评课教研网络。例如：成立由校长领导的教学评议小组、由教务处领导的年级组听评课活动小组、由各班级任课教师组成的教学协调小组等。在此基础上，合理安排师范生的本学科和跨学科的听评课活动。

2. 借助主题培训培养创新教学手段能力

近年来，随着数字经济的快速发展，我国师范院校加强了师范生的信息素养教育。数字经济时代，现代教学手段的应用离不开各种数字技术的支持，提升师范生的信息素养，能够为其创新教学手段能力的培养奠定基础。

在实习期间，师范院校实习指导教师可以根据其所负责的师范生的整体教学手段能力，有意识地开展信息技术主题的培训，在提升师范生综合信息素养的基础上，培养师范生创新教学手段能力。

综上所述，师范生创新教学手段能力的培养是师范生教学能力的重要组成部分。教学手段的选择与学生的发展特点和教学内容息息相关，参加实习为师范生创新教学手段能力的培养创造了良好的条件。在实习期间，师范生创新教学能力的路径可从实习学校听评课和师范院校组织的主题培训两方面着手，通过实践与理论学习相结合的形式，培养和提升师范生创新教学手段能力。

第五章　高校师范生教学实习能力培养

本章为高校师范生教学实习能力培养，共分为三节，分别是高校师范生教学实习的准备、高校师范生上课与课后指导、高校师范生教学实习的总结。教学实习是师范院校教学工作的一个重要组成部分，是直接培养师范生从教能力的一个良好机会。作为一名即将走上工作岗位的师范生，应在心理、学业、思想上做好准备，以胜任将来的教师工作。教学实习是为此设计的一次"实战演习"。教学实习一般安排在开设课程基本完成之后、毕业之前，在学校统一领导、组织下进行。教学实习按照工作程序可以分为三个阶段，即教学实习前的准备阶段、教学实习中的上课阶段、教学实习后的总结阶段。这三个阶段互相衔接，共同构成整个教学实习过程，每个阶段又有相对的独立性，工作的重点也不尽相同。

第一节　高校师范生教学实习的准备

一、教学实习的任务和意义

如果我们将师范生在师范院校全面接受理论教育，获得基本的实际知识和技能视为一个整体的话，教学实习就是这个整体中一个非常重要的有机组成部分，是整个师范教育链条中一个重要环节。

（一）教学实习的任务

第一，巩固师范生的专业思想，强化师范生的职业意识。师范生的专业思想、职业意识虽然在新生入学之时学校便开始通过各种形式加以培养，但教学实习确实是其他形式的教育不可替代的一种行之有效的方式。教学实习是直接面对教育对象，师范生在向学生传授知识的同时，可以感受到学生发自内心的呼唤。

第二，全面检验师范生的学习成果，锻炼师范生的各种能力。在实习过程中，由于师范生都身兼二任，即一方面是师范院校的在校学生，另一方面又是实习学校的临时任课教师。尽管有指导教师的悉心指导，但具体的教学任务仍然需要自己独立承担。这就需要师范生运用平时所学知识、技能去发挥教师的主导作用。对于每一个师范生来说，这无疑是一次全面的、严格的学习成果的检验。这种检验并不比在校学习时的考试轻松，因为教学实习是综合能力的展示过程，不论是哪一方面的缺陷失误，都会影响整体效果。仅就一节课而言，既需要课堂教学的组织管理能力，又需要口头语言和板书技巧的表达能力；既需要课前驾驭教材的能力，也需要课中随机应变的能力；既需要课前的调查分析能力，也需要课后总结能力。而上述这些能力的训练，在教学实习前的学习过程中虽然也可以得到锻炼，但教学实习中的锻炼更集中、更具体、更讲究时效性。

第三，收集、了解师范毕业生的思想状况和教学质量等信息；学习、掌握实习学校教学管理经验和教育教学改革经验。实习生在实习学校会结识往届的师范毕业生。对师范生毕业后思想状况、教学质量的了解虽不是教学实习的主要任务，但也应尽量去做，并将了解到的情况及时反馈给就读学校，以便学校改进工作。同时，师范生应当了解实习学校的教学管理经验和教育教学改革经验。一方面，把这些经验带回学校，以推动师范学校的教改工作；另一方面，要总结吸收，为自己将来走上工作岗位积累丰富的经验。

（二）教学实习的意义

第一，教学实习是师范院校教学计划的重要组成部分。师范院校的教学计划是国家根据教育目的和培养目标制定的有关学校教育和教学工作的指导性文件，是学校组织教育和教学工作的重要依据。教学实习的目的是使师范生接受实际训练，在整个教学计划中占有重要地位。

第二，教学实习是师范教育培养目标的重要环节。师范教育的培养目标是为各级各类学校输送合格的教师。要完成培养教师这一目标，除了必要的思想教育、文化理论知识的传授和各种技能的培养外，还需要教学实习这一实践性能力训练环节。若无这一重要环节，将难以实现培养目标。

第三，教学实习是师范生实现由学生向教师角色转换的重要途径。师范生毕业后，绝大多数都要从事具体的教学工作，活跃在学校教学第一线，由学生向教师角色的转换时间是很短的，而教学实习就是其实现这种角色转换的一条重要途径。师范生可以在实习工作中体会到当教师的具体感受，找到当教师的感觉。

第四，教学实习是检验与提高师范教育质量的重要形式和途径。实习学生在实习过程中表现出来的优良品德、优秀才华，是师范学校教育、教育工作成绩的展示。而师范生在实习中反映出来的问题，也正是师范学校教育教学工作中存在的代表性问题。这些问题有些此前难以发现，此时通过实践检验出来，对学校改进工作，提高师范教育质量无疑是重要的和必要的。

二、备课并编写教案

（一）备课

备好课是上好课的前提。只有认真、充分地备课，才能使上课有目的、有计划地进行，保证教学任务的顺利完成。备课一般分为学期（或学年）备课、单元备课和课时备课三种。师范生的教学实习由于时间限制，一般每人只承担一个单元或几个单元中部分课的讲授，故师范生的备课有它的特殊性，不能简单地概括为哪一种。备课备什么？怎样备？一般的过程是：师范院校在安排学生实习之前，已提前联系实习学校，并根据实习学校各学科学期教学进度确定师范生实习阶段上课的具体内容（单元或课题）。师范生在划分实习小组之后，也就明确了自己实习期讲课的课题。所以，备课这项工作可以在实习之前就着手进行。

师范生应系统地钻研教学大纲、教科书和有关资料，做到以教学大纲为准绳，立足于教科书，适当利用有关资料。钻研教材是备课的重点环节，师范生在熟悉大纲要求的前提下，要通读教材，深钻细研。了解教材的体系、内容、教学目的、任务等；明确自己实习讲授的这部分内容在整个教材中的地位，和其他部分教材的联系；而后深入钻研自己实习讲授的这部分教材，明确教材的内容、意义和本质，重点、难点和关键。一般来说，教学内容的重点是由课程的目的、任务确定的。因此，在钻研教材时，要根据教学大纲确定哪些内容是重点。所谓难点，是指大纲规定的内容，对于教师来说较难讲清，对于学生来说较难理解，或容易产生错误的部分。有些内容是重点，同时是难点；但有些重点不一定是难点，有些虽然不是重点却是难点。如何正确判断重点、难点？这就要求师范生在备课时既要根据培养目标的要求进行分析，也要根据学生的实际进行分析，还可向指导教师请教，与其他师范生共同商讨。在备课中组织教材、考虑教法时，必须力求突出重点、分散难点，以帮助学生提高学习效果。这样在实习教学中才能灵活驾驭教材，既能钻进去，又能走出来，做到深入浅出，把教材的"死"知识变为教师的"活"知识。

在备课的同时要了解和研究学生心理，掌握学生的实际情况，便于因材施教。这对于从未接触过学生或接触学生甚少的师范生来说，尤其重要。

怎样了解学生呢？师范生在 6 周的教学实习中，一般安排 2 周的见习。见习期是师范生了解学生的大好时机，师范生要通过熟悉环境、听课观摩、听情况介绍、帮助原任课教师批改作业、处理班务、参加班内各种活动、与学生谈心交朋友等途径，尽可能全面地掌握学生的实际情况。应了解学生的哪些方面呢？大致有学生学习本学科的态度、兴趣和方法；对本学科的理解能力、接受能力和已有知识基础；学生的气质、性格特征和年龄特征；学生的生活、思想情况等。全面了解学生的实际情况，有利于准确选择讲课内容的起点，起点过高，学生难以接受；起点太低，学生会感到乏味，失去学习的兴趣和积极性。正确的起点应该是在学生已掌握的知识和具备的能力的基础上逐步提高，使学生经过一番努力后能够学到手。那种认为学生无济于教学的思想是错误的。只有认真了解学生，才能做到知己知彼，成竹在胸，有效而又有针对性地备课和上课。

重要的工作是组织教材，形成教案。组织教材是根据教学大纲的基本要求，在分析教材和了解学生的基础上进行的。在组织教材时，要注意精选主要的、深广度适应的内容，把这些内容结合教法组织成一个讲授系统，力求削枝强干、重点突出、主次分明、详略得当。考虑如何恰当选择和运用教学原则、教学方法也是十分重要的，好的教法不仅可以使学生较快地掌握知识，还能启迪学生的智慧，发展学生的能力。德国教育家第斯多惠说过，好的教师不是向学生"奉送真理"，而是"教人发现真理"。

（二）编写教案

对于没有实际教学经验的师范生来说，组织教材、考虑教法是必须的，是充分写好教案的重要保证。教案是上课的计划，是教学目的与任务的具体实施方案。师范生在上课前应下功夫写好教案。

教案由如下八方面内容构成：

第一，本节课授课的标题。

第二，教学目的。教学目的又叫教学要求，包括两方面内容：本课具体传授的知识和要培养的技能；思想教育的具体任务。这两方面在传统上称为教养目的和教育目的，也就是教书育人双重目的的体现。教学目的应写得具体、准确，便于贯彻执行，切忌空泛、抽象。

第三，教学内容。这部分要写出教学的重点、难点和疑点，要有具体的讲授提纲。这部分可详可略。详写为"详案"，要求不仅列出讲授提纲，还要在每项提纲下写出讲解的要点，不仅要写清问题的结论，还要写清讲解的步骤，有时还可写出重点讲解的具体语句。师范生初登讲台，没有教学经验，应写详案。

第四，教学步骤。这是指对教学内容的具体安排。教学要体现科学性、系统性的原则，每节课的教学内容都是一个知识体系。教学应按照知识的内在联系和学生的思想规律进行具体安排，一步一步把知识讲清，让学生听懂并记住。在教学步骤安排上，要注意时间的分配，不可盲目推进，讲到哪里算哪里，要确保教学目的的实现。

第五，教学方法。这是指教学采用的主要方法。常用的教学方法有讲授法、问答法、讨论法、自学指导法、演示法、电化教学法等。采用哪种教学方法，主要应服从于课的目的、任务、教材的性质和特点以及学生的年龄特点。选择教学方法以后，应事先精心设计。如用问答法应设计好问答题；如用讨论法，要拟好讨论题，并事先作出讨论中需要启发的设想；如用演示法或电化教学法，则要准备好教具，并事先演示操作，做到熟练无误、心中有数。教学方法一栏是填写主要的教学方法，在讲课中不排斥运用其他方法。

第六，板书设计。板书是教师在深刻理解教材的基础上，经过高度概括，可揭示教材内容的内在联系，逻辑关系，作用于学生视觉的文字表达形式。板书设计是教案的重要组成部分。师范生在实习教学中就应确立重视板书，利用板书完成教学任务，实现教学目的的观念。好的板书可提纲挈领，突出讲述的重点，起到画龙点睛的作用。板书设计可以体现教师备课时的精心设计和艺术构思。板书的要求为：要有明确的目的性，清晰的条理性，重点要突出，文句要简洁。

第七，作业与训练。这是布置给学生课后独立完成的家庭作业。教师在备课时就应加以考虑，有的作业题还要亲自试做。那种简单地在教科书圈画习题的做法是不可取的。

第八，课后小结。这是留给教师自己讲完课后对本节课作出小结的专栏。这项工作对于教师及时总结教学经验，提高教学质量和自身的素质都具有重要意义。同时是积累教学研究第一手资料的好方法。

三、预讲并修改教案

（一）预讲

预讲是师范生在备课、编写出教案之后，正式进行课堂教学之前的教学预演。如果说备课、编写教案是师范生理论上的准备，那么，预讲就是师范生实际的准备。预讲不仅可以使师范生获得课堂教学的经验，而且可以集体研究，找出优缺点，帮助讲课同学吃透教材，优选方法，修正和完善教案。预讲一般由实习指导教师或实习小组长组织，在实习小组中进行。师范生要认真对待预讲，尽管听课人是自己的指导教师和同学，也要做到心中有学生。预讲时，自己的眼前只有"学生"，这样才能进入角色，才能获得讲课的真实体验。预讲时，不仅要牢记上课的计划、基本的内容和讲述的连贯性，还要注意实践教学中的一些"细小事情"：怎样进教室，怎样面对学生站立在讲台上，怎样注视学生，怎样控制自己和学生，等等。预讲后，要指导教师或小组长组织听课人讨论预讲课，特别要指出存在的问题，并提出改正意见。预讲同学更应积极主动地征求听课人的意见，把自己的备课意图、预讲中发现的问题摆出来，与大家一起讨论，用集体的智慧分析问题、解决问题。

（二）修改教案

在预讲和集体讨论的基础上，师范生要根据讨论的意见和自己预讲的体验，着手修改教案。修改教案要考虑如下三个方面：

1. 对教案总体设计的修改

如同工程师设计蓝图一样，教案就是教师为课堂教学设计的"蓝图"。这个"蓝图"是否科学、是否具有可操作性，通过预讲可得到确证。如果听预讲的教师和同学认为预讲的总体效果不佳，预讲同学除了考虑技术原因（如声音太小、过于紧张等）外，还要考虑总体设计的修改。这需要从以下两个方面考虑：

（1）教案总体设计应具有科学性

教案总体设计的科学性指教师通过教案向学生传授的知识是否准确、全面、系统。如果教师对所讲内容似懂非懂，没有真正吃透，反映在教案中必然不具有科学性。比如，小学数学课讲分数，预讲同学如果连真分数、假分数、代分数的概念都不甚了解，反映在教案中必然是概念介绍不清，这就需要对整个教案做大的修改。当然，修改必须建立在预讲同学能够真正弄懂弄通、运用自如的基础上。

教案总体设计是否具有科学性，还体现在以下方面：课时分配是否合理，教学目的是否明确，教学方法是否符合认知规律，是否符合教材的性质、学生的年龄特点和心理特点等。

（2）教案总体设计应具有可操作性

在预讲中，有的同学可能会发现自己编写的教案内容正确无误，引用资料翔实可靠，课时分配、教学目的、教学方法方面亦无问题，但就是具体操作（在课堂上运用教案）起来比较困难。这就反映出教案存在的问题是可操作性不强。

教案的可操作性是指课堂教学能够按照教案设计的程序和要求，顺利组织教学活动，实现教学目的。教案不同于其他文字材料只作用于阅读者，教案是通过阅读者（教师）向学生传授知识的依据，要考虑教师的教和学生的学。因此，应特别强调可操作性。有些师范生在编写教案时，往往不设计课堂提问，不按课时规定设计教案，不考虑教学中会出现的问题，或者不考虑学生，只顾教材。这样编写的教案势必可操作性差，教学效果也不会好。对于这些问题，在修改教案时，应该充分考虑课堂教学中师生双向交流这一特定因素，应当在教案中反映出学生的主体地位，体现出教师的主导作用。

2. 对教案各部分之间逻辑关系的修改

教案的各个部分之间应当存在一定的逻辑联系。这既是指教师对所传授知识的一种逻辑把握，也是指教案的各个部分之间应有的一种内在逻辑关系。前者侧重于教师所教授知识的掌握程度，后者侧重于教师在讲授知识时应遵循的一般认知规律。

人们对事物的认识，依据年龄的不同而有不同的特点，但由浅入深、由易到难、由一般到特殊、由具体到抽象的认知规律有着普遍性。教案的编写应当建立在这样的认知规律之上。因此，教案的各个部分不是独立存在的，而应是与认知规律相吻合、与前后内容相联系的有机组成部分。

3. 对教案中的技术失误、常识错误的修改

教案在预讲后，师范生应根据教师和同学提出的意见对教案中存在的技术失误、常识错误进行修改。对预讲中没有暴露出来的错误，在熟悉教案的过程中如果发现应及时修改。要特别防止草率行事，不负责任的行为。

第二节　高校师范生上课与课后指导

一、上课

上课即课堂教学，是教学的基本形式，是整个教学的中心环节，具体来讲，就是教师按照固定的日课表，在规定的时间内，对一个有固定学生人数的班级，根据各门课程的教学大纲所规定的教学任务，选择恰当的教学方法进行的教学。

课堂教学之所以是教学工作的基本形式、中心环节，是因为教学的任务主要依靠课堂教学来完成。在课堂教学中，教师能充分发挥主导作用，有计划地、系统地向学生传授知识、技能，进行思想教育。教师要完成教学任务，就要做好课堂教学，即上好课。备好课是上好课的基础，但备好课并不能保证上好课。备课是教师一个人独立思考的工作，上课是师生配合的双边活动。课的进行是一个复杂细致的过程，一节课的顺利进行和成功与否取决于许多条件。为了上好课，取得良好的教学效果，师范生除备好课之外，在上课时还要特别注意如下七个方面：

（一）结合学生心理因素，激发学生求知欲

开始上课时，师范生作为实习教师要创设良好的课堂气氛。首先，师范生自己要始终保持良好的精神状态，以感染学生的情绪。其次，师范生走上讲台后，不要急于讲课，要环视全班学生，看学生是否做好上课的思想准备，若尚未做好，应及时弥补，然后再开始上课。在课程进行的过程中，也要随时注意全班学生的"动态"，针对学生的不同情况，采取不同的方法，充分调动每个学生的主动性、积极性，提高教学效果。

（二）讲课既要按计划进行，又要及时调整

讲课是具有计划性的活动，而教案正是体现其计划性的重要手段之一。师范生讲课要尽可能按照教案的内容施教，充分发挥教案的作用。这是因为事物都有相对的固定性，教案就是用来反映相对固定的教学内容的。只要编写教案时考虑周到，想到可能出现的偶然因素，教案就是可行的。但教案只应是指针，不应是拐棍，既要以它为依据，又不要受它束缚。由于考虑不周或意想不到的偶然因素，会出现一些意外情况，这时要随机应变，采取新措施。讲课时，师范生要随时注意学生学习中的"反馈"信息，及时修改教案，使学生的思想活动始终能跟上自己的思维活动。比如，发现学生对某概念或原理没有听懂时，师范生就应及时调整计划，采用另外的讲法讲解；又如，课堂上学生提出的一些问题和看法，若合理但是师范生备课时没有考虑到，也应因势利导，设法帮助学生弄懂弄通，不能不予理睬或随便搪塞。不要因顾虑教学进度而轻易把问题放过去，宁可暂时少讲一些内容，下节课再设法补上，也不要拖堂影响学生课间休息和下节课的正常进行。

（三）要注意启发学生独立思考

讲课应根据教材的性质、特点，按不同的要求，提出问题让学生独立思考。设计问题要注意难易度，考虑学生的知识储备、经验积累和思维发展水平，力求新颖有趣并富有启发性。要根据问题性质留给学生足够的思考时间，不要问题刚提出就立刻指定学生回答，或学生一时回答不上来，教师马上给出答案，这样会影响和挫伤学生独立思考的积极性。学生通过自己的思考答出问题，即使不够准确、完整，教师也应给予表扬鼓励，以体现教师对学生的信任和尊重，激励学生努力学习。

（四）因材施教，整体提高

上课时，师范生要注意调动全班学生积极参与教学进程中的每项活动，不要只注意少数接受能力强的学生，或总是要求接受能力弱的学生回答问题。只注意能力强的，势必使能力弱的跟不上课，从而失去努力的信心；反之，则会使能力强的学生感到问题太容易，认为无须努力，以致分散注意力。所以，上课应针对不同程度的学生提出各种适应的问题，使他们都能得到发展。

（五）语言要准确、清晰

讲课的语言要准确，对于教学内容要有一个科学的、正确的表述，以保证文化科学知识的正确传授。除准确外，讲课的语言还要清楚、简练、通俗、生动、明白、流畅，并讲究技巧，富有感情。如果讲课只注意语言的准确性而忽视其他方面，如声调呆板平淡，没有情感，就会使学生昏昏欲睡。在阐述内容的重点和难点时，要加重语气并放慢速度，能让学生抓住所说的每个字、每句话，有充分时间思考和领会。另外，讲课语言简练、生动、流畅并富有感情，学生听起来就会感到轻松、愉快、有兴趣。如果讲得啰啰嗦嗦，颠三倒四，经常错了又纠正，必然使学生的思维受到障碍，或感到厌烦失去兴趣。

（六）要注意板书的运用

板书和语言表达相辅相成。板书要求安排得当，突出重点，层次分明，文字简洁，字体清晰规范，大小合适。板书写在黑板的什么位置，哪些是主体板书，需要保留到讲课结束，哪些是辅助板书，可随写随擦，师范生都应做全盘考虑。有些师范生往往备课不加考虑，或考虑不周，上课时信手板书，怎能起到提纲挈领，突出重点，画龙点睛的作用？又怎能帮助学生理解、记忆呢？

（七）要发挥体态语的作用

体态语是无声的语言，通过眼神、面部表情、手势、身势来表达思想感情，传达信息。教师的体态语言和教师的有声语言、板书语言一起构成了教师课堂语言艺术的整体。美国心理学家艾伯特·梅拉比安根据实验指出，人们所获得的信息量，7% 来自文字，38% 来自声音，55% 来自面部表情。可见，体态语在传递信息过程中的作用是不容忽视的。

在讲课过程中，教师的体态语有如下作用：可以吸引学生的注意力，使学生集中于言语所指向的内容；可以补充、加强甚至代替有声语言，使之更明确、有力；体态语伴随有声语言，可以使学生在接受言语信息的同时，看到生动的形象，便于理解和记忆。师范生上课，自己对教学陌生，学生对其讲课也是陌生的。这更需要师范生讲究体态语，运用体态语消除陌生感，借助体态语顺利进行课堂教学。比如，含着微笑走进教室，会给学生一种亲切、和蔼的感觉，更容易缩短师生间的距离，活跃课堂气氛，收到好的效果。在学生回答问题时，教师认真、期待的目光，会增强学生的信心；学生回答正确，教师点头给予肯定，学生会大受鼓舞。当讲到十分抽象的概念时，做些手势，可以增强可感性，化繁为简，化难为易。

各种体态语在课堂教学中可以单独使用，也可以综合使用，运用恰当，可以达到"此时无声胜有声"的效果。但更多时候是和有声语言、板书语言并用，共同发挥教学语言艺术的整体功能。另外，师范生要注意正确选择和运用体态语，那些眼望天棚、挤眉弄眼、吐舌头、摸下巴、揉鼻子、理头发、手插兜或随随便便地笑都是无效的体态语，不仅会损害自己的形象，还会分散学生的注意力，影响课堂教学效果。

二、听课与评课

这里所说的听课和评课是特指师范生之间的相互听课和实习小组组织的评课。听课和评课是一种互相观摩性质的，师范生之间互相切磋教学艺术，共同探讨教学规律的教学实习活动。

（一）听课

师范生之间的听课既不同于在学校学习时听教师的课，也有别于实习时听指导教师的课。这种听课强调将听课人置身于听课环境中，即一边听讲台上同学讲课，一边应当考虑假如自己来讲，将如何讲、用什么教学方法、如何启发学生等。这种听课也应当注意学习讲课同学的优点，"尺有所短，寸有所长"，每个同学的实习教学都有自己的特点和长处，听课同学要善于发现别人的长处，总结别人的特点，取人之长，补己之短。这种听课虽然是同学之间的互相观摩学习，听课的同学也应注意配合讲课的同学。不要认为预讲时已重复听过，从而显得不耐烦或在课上随意做小动作、说悄悄话。这样，不仅自己不虚心听，而且会影响讲课同学的教学，使其产生错觉、误解，以为自己讲错了，从而紧张慌乱而影响教学。听课同学还应当做好听课记录，为课后相互间的切磋、探讨、总结做准备。

（二）评课

评课一般在实习小组中进行。

师范生尽管经过了在校几年的勤学苦练，上课前又进行了认真充分的备课和反复的预讲，但在课堂教学中仍然会出现某些失误。究其原因，大多为初登讲台，情绪紧张或信心不足。评课时，听课同学要注意讲课同学的这一心理因素，应评析优点，肯定成绩，为讲课同学增强自信心。

初上讲台的师范生对自己所讲的课心中无把握。在这个时候，他特别需要热情地鼓励和真诚地帮助。而同学们往往忽视这一心理特点，因为是同学，相互间非常了解，常常是评课一开始，甚至一下课就直指其失误和不足，一盆冷水浇下去，会使讲课同学误以为讲课失败而沮丧，从此在心理上蒙上一层难以驱散的阴影。对于心理素质差的同学，这种阴影可能会伴随其一生，在今后教学工作中，每遇到有人听课就"怯场"。因此，评课开始后，评课的同学应充分肯定讲课同学的成绩，多用鼓励性语言，帮助讲课同学树立自信心。当然，对于讲课同学的问题与不足，也应毫不保留地讲出来，帮助讲课同学发现问题、认识问题，并在以后的讲课中弥补不足。

三、作业布置、批改与课后辅导

（一）作业布置

学生的课外作业是教学工作的一个有机组成部分。布置课外作业的目的是使学生进一步理解、消化和巩固课堂所讲知识，掌握相应技能，养成独立应用知识的能力和习惯。它对发展学生的智力和创造力，培养学生良好的个性有重要意义。同时，是教学反馈的重要环节。从它与课堂教学的关系来说，是课堂教学的延伸和发展，因为在课堂教学中师范生不一定能完成传授知识、技能的全部任务。在课上，学生虽然开始理解并记住这些知识，但想要牢固掌握这些知识，非得经过自己的独立思考和复习工作不可。而技能技巧的形成，也并非单靠课堂教学可以实现。师范学校的师范生要重视对学生课外作业的布置、指导和批改。

课外作业的内容和形式大致有：关于阅读教材的作业（如复习、预习教材、阅读有关的参考书），口头作业，书面作业（如回答问题、演算习题、绘制图表等），实践活动作业（如课外实验、观察、测量、小制作等）。

作业的布置有如下一些要求：

第一，教师布置的作业应符合教学大纲和教科书的要求，避免为布置作业而布置作业的无目的性现象。

第二，作业的分量应适当，难易要适度。作业的分量应按学校规定的各科上课时间的比例来确定。一般是年级越低，作业量越少，完成作业所需的时间越短。作业的难易度要符合全班学生的一般水平。作业要有一定难度，但经过学生自己的努力又是可以克服的。师范生要学习新的教改经验，尽量减轻学生的课业负担。

第三，布置作业时，师范生要进行明确的和必要的指导。在布置作业时，应向学生提出作业的要求和方法，明确完成作业的时间，指出作业中可能遇到的困难。对于特别困难的作业，可先在课内完成一部分，或先进行类似的半独立性作业，让学生掌握必要的方法和步骤。

第四，不同类型的学生应区别对待。在对全班同学提出统一要求的基础上，对不同类型的学生，要承认差别，因材施教，采取不同的措施。如对优秀生，可适当布置一些较难的补充作业，让其"吃饱""快长"；对基础弱的学生，则应加强辅导，帮助他们完成作业，跟上学习进度。

第五，要注意培养学生完成课外作业的良好习惯。要求学生当天功课当天复习、巩固；当天作业当天完成，养成先复习后完成作业的好习惯。要求学生有一定的科学的作息制度和计划，独立完成作业，不抄袭他人的作业。要求学生作业书写干净、规范，符合不同学科的具体要求。要求学生养成自我检查作业的好习惯。

（二）作业批改

对于学生的作业，师范生要认真及时地检查和批改。这样，才能及时了解学生的学习情况和自己教学的效果，发现存在的问题，以便及时采取措施弥补和改进。

作业批改的形式根据作业的性质、内容及其他具体条件大致有：书面批改、口头当面批改、全批全改、重点批改、轮流批改等。

批改作业时，应注意作业的数量和质量，并分析错误产生的原因。对作业中的普遍错误或重大错误（即使只有个别人有这种错误），应当在课堂上进行讲评或复习有关内容，并据此改进教学。批改作业时，要注意学生答题的独特见解，尽可能在课堂上作适当介绍，并表扬鼓励。在批改作业时也要管教管导。如对于学生作业不认真、演算粗枝大叶、抄袭等现象，教师要面谈做工作，或在作业本上写评语，教育学生独立思考，踏实认真。

（三）课后辅导

课后辅导也是师范生进行教学工作不可缺少的一个环节，是适应学生个别差别，因材施教的重要措施之一。课后辅导是一种教学辅助形式。

1. 辅导的对象

对学习优秀的、一般的或较差的学生，都应辅以个别指导。但重点是辅导学习上有困难的学生和有特殊才能的学生。

2. 辅导的任务和内容

根据辅导对象和问题性质分别确定。如对成绩落后的学生，辅导的任务和内容是答疑答难，进行必要的补充讲解，弥补他们知识上的缺陷，指导他们学习方法，并启发他们的学习积极性，增强他们对学习的信心，帮助他们克服学习上的障碍。对缺课的学生，主要是及时为其补课，让其跟上进度。对成绩优秀、有特殊才能的学生，则应在课堂教学的基础上，另加提高性作业，介绍补充的参考读物，指导他们游向知识海洋的更深更广处。同时，对各类学生，都应帮助其端正学习目的、态度，进行学习方法的指导，使学生既"想学""学会"，又"会学"。

3. 辅导的形式

一般采用个别辅导和集体辅导两种形式。教学实践中多用个别辅导形式，集体辅导形式只有在有共同的问题时才宜于使用。

课外辅导是必要的、有效的教学辅助形式。师范生要避免重视课堂教学，轻视课外辅导的现象的发生。同时，要避免以辅助形式的课外辅导代替基本形式的课堂教学情况的出现，因为课外辅导的作用只有在保证了课堂教学的前提下才能更好地发挥出来。

第三节　高校师范生教学实习的总结

一、教学实习总结的重要性

通过一段紧张而又充满乐趣的实习生活，师范生即将告别实习学校的教师和学生返回学校。离别之际，情绪波动较大，师范生一定要静下心来做好教学实习的总结。师范生如果不控制和调节情绪，受情绪驱使，把教学实习总结看成可有可无或不必认真对待的事，将会使自己失去一次很好的提高机会，同时影响实习小组其他同学的实习总结工作。

强调实习总结工作的重要性，首先，是因为实习总结是整个教学实习过程中不可缺少的一个重要环节。这个环节与实习准备、实习教学两个环节同样重要。这个环节虽然无须紧张的案头准备或潇洒的临场发挥，但实习的得失成败应当通过认真的实习总结反映出来，应当在实习总结过程中将自己的经验逐一理清，哪些是成功的经验，哪些是失败的教训。这对于师范生今后走上工作岗位，从事教师职业，提高自身业务素质，有着不容忽视、不可替代的作用。

其次，在于教然后知不足。通过实习总结，师范生可以将自己在实习教学过程中反映出来的不足之处查找出来，便于自己返校后在有限的时间内有针对性地学习提高，弥补不足。这对于师范生尽快地完成从"学生"向"教师"角色的转换，缩短"学生"与"教师"之间的距离，以及适应和胜任将来的教师工作都有着重要意义。

许多身经百"战"，富有教学经验的教师都特别重视教后总结这一对于提高自身业务素质行之有效的方法。尽管他们对于教材已经讲授过很多遍，对学生的各种反应已经了解，但他们都认为每讲一节课、一课书都不是简单的重复劳动，也不是在同一个平面上重复画圆，而是在总结经验教训的基础上的一次创造性劳动。因此，对于他们来说，教材虽然是"旧"的，但每次讲课都能讲出"新"意来，都会有新的体会和新的发现。他们这种对教学认真总结的态度对师范生进行实习总结有着借鉴意义。

二、实习总结的基本程序

教学实习总结的基本程序是：个人总结（个人写好实习总结报告），小组讨论（小组同学分析讨论，拿出实习鉴定的意见），评定成绩（实习学校指导教师对师范生实习工作全面评定）。

（一）个人总结

个人总结的主要任务是写好个人实习总结报告。实习总结报告既应具有一般总结报告的特点，更应紧紧围绕"实习"这一中心话题，从实习的准备工作是否充分，教学过程是否流畅自然，教学失误由何种原因造成等方面谈起。认真、系统地对自己前一阶段的教学实习工作进行一次总评价、总分析。将原先对实习的一些零碎的、肤浅的、表面的感性认识上升到全面的、系统的、本质的理性认识。

为了帮助同学们做好个人总结准备工作，写好个人实习总结报告，这里列举出一些问题供师范生在实习总结中参考。

第一，实习态度是否端正，是否能够认真对待实习工作？

第二，实习的准备工作是否充分？实习的准备工作实际上是从师范院校的学生入学后就已经开始。师德修养如何？基础知识是否扎实？知识的结构是否合理？基本技能能否熟练应用？这些都能在实习过程中直观地反映出来，所以实习总结报告中需要谈到这些。另外，教案的准备如何？是否做到了既备教材，又备学生，因材施教，因人而异？这些也应该在实习总结报告中谈及。

第三，实习的实施工作是否成功，有什么经验可以总结，有什么教训应当吸取，能否有效地完成教学任务，选择了什么样的教学方法等。这部分应是实习总结报告的主体内容，不仅要列举事例，详细总结；还要尽可能地分析成功或失败的原因，研究规律。

（二）小组讨论

小组讨论由实习小组长召集和主持。首先，实习小组的每个成员根据个人实习总结报告进行自我总结。其次，小组其他成员分别发表意见。最后，大家共同讨论，对总结者的实习工作尽量做出实事求是、客观公正的实习鉴定评语。

小组讨论时，对别人的成绩既不能视而不见，苛求、责难，也不能不顾事实，拔高表扬。对别人在实习中存在的问题既不能文过饰非，强词夺理，也不能不负责任，一味说好。正确的态度应当是诚恳、热情、坦率、真挚。小组讨论时，小组长应做好讨论记录，并负责地把大家的评议意见填写在实习鉴定表的相应栏目内。小组讨论应当使大家共同受益，共同提高。

（三）评定成绩

在小组讨论的基础上，小组长应当将小组讨论的会议记录交给指导教师过目。指导教师根据师范生的实习态度、表现、效果等综合评价，最后给定实习成绩。

实习成绩一般采用优秀、良好、及格、不及格四级计分法。

第六章　高校师范生信息化教学能力培养

本章为高校师范生信息化教学能力培养，共分为三节，分别是高校师范生信息化教学能力的概述、高校师范生信息化教学能力培养对策、高校师范生信息化教学能力培养的启示。

第一节　高校师范生信息化教学能力的概述

一、师范生信息化教学能力的意蕴解读

鉴于教学学段及教学对象的差异性，目前教学界对信息化教学能力概念的界定并无统一描述。由于培养目标与发展方向旨在促进基础教育阶段学生核心素养的养成与提升，师范生信息化教学能力可理解、描述为"教师在以学生为中心的教学观的指导下，在教学过程中的各个环节中系统性使用信息资源与信息技术以促进学生核心素养发展的能力，以及为了实现这一目标所必须具备的教学研究能力及专业发展能力"[①]。其强调师范生应具有复杂且综合的知识框架，即整合技术的学科教学知识（Technological Pedagogical Content Knowledge，简称 TPACK），且能针对该框架构成中的三个知识组成（技术知识、教学知识、学科知识）进行有机融合、动态平衡以及高效应用，具体可分解、提炼出如下内容：

（一）信息化教学意识与态度

信息化教学意识与态度作为师范生信息化教学能力的先导构成，反映了师范生面对信息化教学具有的基本认知与实践倾向。具体包括师范生能意识到信息化教学是国家教育现代化推进的核心途径，发展核心素养是实现创新人才培养的重

---

① 张琳．指向核心素养的师范生信息化教学能力研究 [M]．上海：上海交通大学出版社，2021．

要利器，能认识到信息化教学能力是未来教师专业能力发展的核心及必要构成，是推进国家教育现代化的关键因素，能主动拥抱不断革新变化的信息化教学媒体与资源环境，逐步认可、接纳、适应、探究信息化教学实践，并积极运用教学评价优化信息化教学实践，提升信息化教学实施效能。

（二）信息化教学知识与技能

信息化教学知识与技能作为师范生信息化教学能力的基础构成，是信息化教学得以顺利、高效实施的前提条件。师范生需具备的信息化教学知识涵盖了信息化教学的基本概念、理论基础、基本要素、研究方法与手段等。师范生应掌握的信息化教学技能则涉及教学信息的检索收集、甄别筛选、加工处理及分析应用，信息化教学媒体环境的分析、选择与使用，信息化教学资源的设计、开发与应用，信息化教学媒体环境与资源、信息化教学实践过程的评价等。

（三）信息化教学应用与创新

信息化教学应用与创新作为师范生信息化教学能力的高阶构成，影响与决定了信息化教学实施的形态、模式及绩效。具体涵盖如下方面：依据学科教学的特点及需求，灵活开展信息化教学设计，确保教学活动高效实施，基于学科背景，挖掘、评价、整合、应用教学媒体环境与资源，实现媒体环境与资源、信息化教与学过程的有效管理，立足学科教学改革需求，进行信息化教学实施方法、模式与效果研究，提升信息化教学实施成效，围绕学科信息化教学实践，开展与学生、同事、家长、行业专家、管理人员、技术人员等群体的有效沟通交流，形成信息化教学实践的推进合力。

（四）信息化教学伦理与责任

信息化教学伦理与责任作为师范生信息化教学能力的必要构成，体现了信息时代背景下社会规范治理与个人健康发展的现实诉求。它强调信息化教学实践的科学、高效设计与实施，从而可以确保师范生拥有平等使用信息化媒体工具与学习资源的机会，并能从中获得个性、自主、完满的发展；规范、合理地展示与应用信息化媒体工具，即在为师范生创设新颖、高效、便捷的信息化学习环境的同时，还要面向师范生传递信息化媒体工具应用的基础知识与技能，渗透信息化媒体工具应用的伦理道德教育，以此提升师范生的信息素养水平，帮助其树立正确、健康的媒体工具价值观、实践观。

二、师范生信息化教学能力的构成要素

提高教师培养质量的关键是提升师范生的信息化教学能力，而这种能力正是教师教学能力的重要组成部分。除此之外，信息化教学能力还包括信息素养、系统化教学设计能力和教育技术研究能力等。师范生作为学校未来教育教学的主力军，倘若在本科阶段就具备良好的信息化教学能力，不仅为其职后发展奠定坚实的理论与实践基础，而且能够推动师范生的教学变革能力与创新能力。师范生信息化教学能力应该包括以下四个方面：

（一）融入时代化的基本信息素养

信息素养是成为教师的专业基本素养，师范生需要满足未来社会公民所应达到的最低要求，以适应未来社会的基本生存要求，成为合格的社会公民。基本信息素养包括信息意识、信息知识、信息能力和信息道德。信息素养不只是掌握基本信息技术知识与理论，更重要的是结合当下时代局面和社会现状收集、整理信息的能力。这种信息素养也是帅范生未来适应社会的基本生存技能。信息知识广度与深度需要与时俱进，以此掌握更为前沿的信息技术知识。同时，在评价、处理信息的过程中，打破惯性思维，摒弃机械操作，从而形成更为高效创新的信息能力。

（二）整合新兴技术的教学能力

师范生整合新兴技术的教学能力包含教学设计与课堂实施两个部分。在教学设计方面，需要理解与掌握有关教育技术、系统化教学设计、教学理论知识，以此促进形成先进教育理念和意识，为教学设计与教学实施做好准备。在进行教学设计时，需要充分利用现代信息技术和信息资源，科学安排教学过程的各个环节和要素，达到优化教学过程的目的。在教学实施方面，可以通过微格训练和教学实习训练实际课堂教学能力。在课堂教学中，利用诸如评价技术、学习分析技术等新型技术，实时掌握课堂实况，不断调整教学策略，创造动态、灵活、和谐的课堂氛围，提升学生学习的积极性和课堂参与率。

（三）专业知识与跨学科知识交叉结合的能力

师范生由不同专业组成，需要系统掌握自身学科专业基础知识及其思维方式，并在现实运用中不断同化与顺应，这是与其他学科融会贯通的基础。也就是说，拥有扎实的知识功底是各个学科师范生需要具备的基础能力。未来教育教学中出现的问题必然会涉及不同学科、不同领域、不同方向的学科知识，因此更需要师范生去努力学习。在学习过程中，师范生需重视自身专业知识与其他专业知识相结合的能力，促进知识扩散和创新思维的发展，成为多学科交叉的新型人才。

（四）国际化的教育技术研究能力

具备以研究能力为核心的技术领导力是教师创新能力的基本要求。教育的可持续发展与具有专业领导力和创新能力的教师密切相关。在研究的过程中，要关注国际教育技术领域的研究热点，结合我国教学现状和自身专业能力，研究教育技术与实际学科教学的整合效果，使教育技术不断融合进学科教学过程中。因此，师范生应具有研究的前瞻性，主动将教学与科研相结合，进行切实可行的专业教学实践。

第二节　高校师范生信息化教学能力培养对策

一、紧跟教育政策导向，提升培养工作重视程度

信息化教育政策是高校贴近信息时代发展，开展师范生信息化教学能力培养实践的风向标与指挥棒。高校应保持敏锐的嗅探力与积极的学习、传播意识，持续关注教育部门的官方网站、社交媒体账号、新闻发布会等信息传播渠道，及时把握最新的信息化教育政策动态；积极参加信息化教育学术会议、行业培训活动，了解信息化教育政策的落实贯彻情况，深入掌握信息化教育政策的实践理念、目标及方法；踊跃加入信息化教育组织或行业协会，多与同行交流，共享信息化教育信息与实践经验，共同探讨信息化教育政策的实施与应对策略。高校应通过上述措施紧跟国家信息化教育政策，深度融合、对照师范类专业认证培养标准，进一步明晰信息时代下未来教师的培养需求，转变师范教育实践理念，不断加强对

师范生信息化教学能力培养的认知与重视。高校应建立健全师范生信息化教学能力培养机制，拓宽培养途径，促使师范生信息化教学能力培养体系不断得到完善。同时，高校要立足现有课程的开设情况，创新信息化教学能力的培养形式与方法。比如，启动信息化教学的课程集群建设，举办信息化教育教学培训讲座，开展信息化教学资源设计与制作大赛、信息化教学应用比赛等，多管齐下，全面提升培养工作效能。

二、重视信息素养教育，奠定学生能力培养基础

信息素养既是信息时代面向师范生提出的外在要求，也是教师职业针对师范生提出的内在要求。其是指师范生根据社会和教育发展要求，恰当利用信息技术来获取、整合、管理和评价信息，在此基础上理解、批判、建构和创造新知识，发现、分析和解决问题以服务自身学习与教学专业发展的意识、态度、能力及思维习惯。作为信息化教学能力的培养根基，师范生的信息素养水平将直接影响该能力的有效生成。因此，重视信息素养教育，是实施师范生信息化教学能力培养的重要前提与基础。首先，要夯实信息化基础设施建设，树立积极应用信息化媒体工具的意识及营造良好的学习氛围。其次，要重视信息素养基础课程的建设与实施。地方高校应在师范生大学入学之初，面向师范生开设"计算机文化基础""多媒体处理技术"等课程，并在此基础上，增设"信息检索"课程，帮助师范生树立信息意识，内化伦理道德，了解信息基本知识，掌握信息媒体技能，逐渐形成利用信息媒体解决问题的基本能力与素质。

三、强化师资建设，统一能力培养认知和定位

信息化教学能力培养强调师范生基于信息技术的教学问题实现能力的强化，要求其实现教学知识、技术知识、学科知识的综合掌握，以及动态、平衡应用。其既不是简单的学科知识、教育教学理论的记忆呈现，也不是纯粹、机械的媒体技能演练展示。因此，科学、明确、统一地培养认知与定位，是保障师范生信息化教学能力高质高效培养的基本前提。首先，依据师范类认证实施标准，围绕地方高校实践师范教育的办学定位及特色，立足师范生信息化教学能力培养任务，面向不同专业学科背景的教师，开展师范生信息化教学能力培养的专题学习培训

与研讨活动，帮助教师科学、深入地认识与掌握能力培养实践的内容范围、目的意义、性质特点及方法途径，从而在师资团队中实现能力培养目标的快速聚焦、培养行为的深度统一。其次，充分了解、挖掘、发挥不同教师的专业学科优势，明确教师在能力培养实践过程中的工作内容、职责范围及专业贡献，不断完善师资团队的优化建设、合理分工及高效运作。最后，多维度加强教师的互动交流、共享、交换师范生信息化教学能力培养的理念、视角、资讯、技术、方法，形成师范生信息化教学能力培养合力，进而提升培养实践水平。

四、完善课程体系建设，提升课程编排科学性

完善的课程体系是师范生信息化教学能力培养实践有效开展的保障条件。高校应基于师范生信息化教学能力的知识维度及构成要素，聚焦师范生利用信息技术解决教学实践问题的核心能力，不断健全、完善师范生信息化教学能力培养课程体系建设。围绕师范生信息化教学能力涉及的 TPACK 知识框架，针对技术知识可设置以计算机为主的信息媒体工具课程，如"计算机文化基础""多媒体处理技术"等课程；针对教学知识，可设置教育教学理论课程，如"教育学""心理学""教育心理学""学科课程与教学论课程"等课程；针对学科知识，可依据师范生的学科背景，设置相应学科内容的系列课程。基于上述内容，针对三维知识交叉融合形成的 TPACK 知识框架，应设置以"现代教育技术"课程为核心，以"信息化教学设计""多媒体课件制作"等课程为拓展的信息化教学能力培养课程集群，并紧跟信息化教学发展趋势不断进行调整、更新。另外，对于师范生信息化教学能力培养的课程体系，高校应正确理解各门课程的性质、功能，并根据能力培养的要求与特点对其进行科学、合理的编排，使其符合学科课程内容逻辑、学生学习心理逻辑。比如，技术知识类课程、教学知识类课程、学科知识类课程应设置为三类知识交融类课程的前导课程，即"计算机文化基础""多媒体处理技术""教育学""心理学""学科课程与教学论"等课程要先于"现代教育技术"课程开设。

五、强化课程设计，提升课程教学实施成效

课程实施聚焦师范生关于技术知识、教学知识、学科知识的综合应用，并帮

助师范生逐步构建信息化教学意识与态度、信息化教学知识与技能、信息化教学应用与创新、信息化教学责任与伦理的能力框架。因此，优化课程规划与设计，提升课程教学实施成效，成为高校实践师范生信息化教学能力培养的中心任务。

首先，科学定位课程功能，确保课程目标精准达成。突破将课程功能局限于师范生信息媒体技能养成的认知误区，重视师范生在思想、理念、行为、伦理层面的认知变化，即关注其如何接受、适应并主动实践信息化教学。其次，聚焦课程功能及目标，合理、高效地开展课程教学内容的遴选与设计。课程内容应充分体现课程功能及目标内涵，除了注意理论与技术并重，还应依据时代变迁、社会发展、学生实际、实践需求进行灵活调整，力求以精练、优质的课程内容为载体，高效地服务师范生信息化教学能力培养。再次，突出先进性、综合性、情境性、创新性、实践性设计，丰富课程教学方法与模式。信息化教学能力是指师范生在先进教育教学理念的引导下，基于真实教学情境，综合运用技术知识、教学知识、学科知识，科学、创新地解决教学问题的实践能力。而课程教学是学生感受、体验信息化教学的重要载体，因此课程教学应突破单一、僵化的"教师讲、学生练"的方法与模式，充分利用信息化教学环境与资源的先进性、便利性、高效性，灵活设计、运用"线上＋线下"的混合式教学模式，积极开展突显师范生中心学习地位的翻转课堂教学实践，从而有效突破课时设置限制，提升课程实施成效，进而引导师范生形成信息化教学应用的意识与态度，收获信息化教学应用的良好体验。同时，课程教学应重视与未来教学实践的无缝衔接，通过充分应用案例教学、情境教学、探究教学等教学方法，引领师范生学习应用信息化技术解决教学实践问题，积累信息化教学实践经验，有效实现职前、职后信息化教学能力的一体化培养。最后，突出课程教学评价的过程性，关注师范生信息化教学能力的过程性、发展性变化。师范生信息化教学能力培养具有层次性、阶段性特点，因此课程教学评价应注重过程性评价方式的应用，即要围绕师范生信息化教学能力的评价观测指标体系，观察、发现、捕获师范生信息化教学能力变化的闪光点，再有效运用传统课程教学评价手段，如考试、测验、作业，同时充分利用电子档案袋、电子思维导图、云计算、大数据分析等信息技术手段，优化课程教学评价的内容、形式、技术、方法，描绘、呈现、获取师范生信息化教学能力发展变化轨迹，最终实现更系统、科学、精准的课程教学评价。

六、完善培养环境，强化教学资源配套建设

信息化教学环境既是推进信息化教学改革的外在需求，也是师范生信息化教学能力培养实施的内容载体与实践保障。因此，高校不断完善、更新信息化教学环境具有必要性与迫切性。首先，先进、高效的信息化教学环境可开阔师范生的信息化教学发展视野，强化师范生对于信息化教学改革实践的沉浸式体验与感受。其次，先进、高效的信息化教学环境可为师范生信息素养、创新能力、团队协作能力等素质的提升提供外部激励与支持保障，帮助师范生高效适应未来社会发展需求。最后，先进、高效的信息化教学环境便于集成、创新、丰富教学资源，拓宽师范生知识获取渠道，革新能力培养的方法与模式，彰显师范生信息化教学能力培养的主体地位，提升师范生进行信息化教学认知探究的兴趣与成效。

要想实现信息化教学环境的有效应用，教学资源的融合与助力是重要的条件。强化教学资源配套建设是高校系统完善师范生信息化教学能力培养机制，提升师范生信息化教学能力培养成效的重要举措。高校实施教学资源配套建设的关键点在于建立信息化教学资源库，具体涵盖教学工具软件、多媒体教学素材、多媒体教学课件、在线课程资源、信息化教学案例等类型资源。其可全方位、立体化满足师范生基于信息化教学实践，开展实践性、情境性、探究性学习研讨的信息资源要求，进而极大地提升信息化教学能力培养实施成效。

随着教育现代化进程的不断加快，信息化教学能力已成为未来教师专业能力的必要及重要构成部分。立足高校这一重要的现代师范教育实践主体，系统挖掘、分析当前师范生信息化教学能力培养存在的问题并提出针对性对策，为开展师范生信息化教学能力培养提供了思考与借鉴方向。

第三节　高校师范生信息化教学能力培养的启示

高校对于师范生信息化教学能力的培养虽然在成效上有所差异，造成培养效果差异的影响因素也不尽相同，但从中可以发现影响师范生信息化教学的一些共性因素，为系统内各个利益主体设计师范生信息化教学能力的培养策略带来启示。

一、成效差异启示：信息化教学三要素

目前，高校师范生信息化教学能力的影响源存在差异，本书指出的师范生信息化教学需要具备三个关键要素，这些要素主要受师范大学教师的教学行为、教学内容以及实习时信息化教学的外部条件影响。

（一）信息化教学三要素

将高校师范生信息化教学意愿与能力的各个因子与其实习时信息化教学行为进行对比，可以发现师范生进行信息化教学需要具备三个要素，其中教学观、整合信息技术的教学法知识为内在要素，信息化教学的外部条件为外在要素。

1. 教学观

从师范大学的师范生信息化教学能力培养成效来看，师范生的教学观会影响师范生对于各种信息技术对教学促进性的感知，从而影响师范生的信息化教学意愿以及具体的信息化教学行为。

第一，教学观会影响师范生对于信息技术对教学促进性的感知。同样是翻转课堂，如果师范生认为提高学生在标准化考试中的成绩比发展学生的自主学习能力更为重要，他们就会认为让学生自己课后学习视频可能无法掌握学生的具体学习情况，因此不认同信息化教学这种教学方式。而倘若师范生认为发展学生的自主学习能力更为重要，自主学习能力提升了，学业表现也相应地取得了进步，他们就会认为课后让学生自己学习视频是提升学生自主学习能力的一种方式，而学生从不自觉到自觉需要时间，也需要教师逐步引导，这是一种学生成长的过程，可能短期学习成绩会下降，但是长期而言，对学生是非常有利的。因此，在不同教学观的指导下，师范生对于信息技术对教学的作用（感知促进性）会有不同的认知，从而影响其是否使用某种信息技术进行教学的决策。比如，如果师范生觉得沟通合作能力对于学生不重要，他们就不会通过信息化教学去促进学生沟通合作能力的发展，即便某种信息技术具备促进学生沟通合作能力的作用，师范生也不会使用这种信息技术来促进学生的沟通合作能力。

第二，教学观还会影响师范生对于信息技术工具的具体运用。在不同的教学观指导下，师范生使用同样的信息技术会产生不一样的信息化教学行为，如表6-3-1所示：

表 6-3-1　不同教学观指导下的信息化教学行为对比表

信息技术	应试教学观指导下的信息化教学行为	核心素养教学观指导下的信息化教学行为
微课	知识点讲解	课前自学，课堂上进行相关知识的活动与实践
自适应学习平台	利用大题库加强刷题式的训练	利用智能技术有针对性地练习，将不用重复刷题节约下来的时间用来促进学生核心素养的发展
人脸识别技术	监控学生课堂行为，以此为依据进行奖惩	了解学生情绪与异常行为，进行心理干预
分级水平测试	为学生贴上标签，只关注升学有望的学生	了解每个学生的学情，因材施教
思维导图	总结呈现知识	进行头脑风暴，启发学生思考

例如：同样是思维导图，如果师范生认为教师的主要职责是知识的传递，就可能会用思维导图帮助知识点的呈现与总结；如果师范生认为教师的主要职责是启发学生思考而非告诉他们答案，就可能会用思维导图进行头脑风暴，发散学生思维。同样是微课，如果师范生认为教学就是知识的呈现与传递，信息技术的作用就是优化知识的呈现与传递，就可能会在课堂上让学生学习微课上的知识点，或者把微课作为课后复习材料；如果师范生认为教学除了知识的传递外，还应该培养学生的思维，促进核心素养的发展，就可能会让学生在课前学习微课上的知识点，在课堂上进行活动、讨论与实践。同样是自适应学习平台，如果师范生认为教学主要是帮助学生在标准化考试中取得好成绩，就会充分利用自适应学习平台的题库，让学生反复操练；如果师范生认为教学的最终目的是促进学生核心素养的发展，就会利用自适应学习平台的智能优势，针对学生知识掌握的薄弱环节给予适量的习题巩固，将节省下来的重复刷题时间用于发展学生的核心素养。同样是基于人脸识别技术的课堂行为系统，如果师范生认为教师的责任是帮助学生利用好每一分、每一秒时间，从而在标准化考试中取得好成绩，就会利用课堂行为系统对学生进行监督，以此为奖惩的依据；如果师范生认为学生的心理健康与

学业表现同样重要，就会利用课堂行为系统识别学生的反常行为，深入了解可能存在的原因，并在有必要的情况下进行适当的干预，促进学生的心理健康。同样是水平分级测试平台，如果师范生认为升学率是学校的主要目标，就会用水平测试平台对学生分级后给学生打上标签，重点关注在考试中有望获得高分的学生，而忽视甚至放弃后进生；如果师范生认为每个学生都有潜力，应该因材施教，使每个学生都获得适合自己的发展，就会通过分级测试了解学生现状，给予学生与其能力相匹配的学习材料。

鉴于此，真正要培养师范生通过信息化教学发展学生核心素养的意愿与能力，必须引导他们形成指向核心素养的价值观，只有师范生认为学生的核心素养发展十分重要，他们才会选择有利于核心素养发展的信息技术工具进行教学，才会利用信息化教学促进学生核心素养的发展；否则，师范生即便信息技术运用能力很强，也可能只通过信息化教学促进学生应试，"新瓶装旧酒"现象背后的原因便是如此。在信息技术的推动下，利用人脸识别监控、利用自适应平台刷题甚至可能加剧应试行为，与发展学生核心素养的目标背道而驰。因此，信息化教学能力培养首要是加强对于师范生未来教师角色的定位、明确发展学生核心素养的目标、指向基础教育核心素养导向的改革需要来培养师范生。

2. 教学法知识

当师范生在教学观下进行教学时，能否促进学生的发展还取决于其教学过程的设计与实施，以及教学策略与方法的运用。从高校师范生的信息化教学中可以发现，尽管师范生在实习中通过信息化教学促进学生发展的行为并不多，但是师范生对于促进知识传递明显采用了不同的教学策略与方法。促进知识传递的教学法是为了知识更好地呈现，便于学生的理解与记忆。师范生会通过某些方法与技术促进知识呈现的丰富性与趣味性以吸引学生的注意，还会通过条理清晰的知识总结促进学生对于知识的理解与记忆。教学法会注重学生的思维训练而不仅是知识的记忆，其思考、活动、实践的过程比记住知识的结果更重要，师范生会通过某些方法与技术促进学生的自主学习能力，给予学生思考的时间，引发学生思考，给予学生公平表达意见的机会，等等。如前所述，促进知识传递的信息化教学行为存在差异，而这种差异便是因为采用了不同的教学策略。因此，为促进学生的发展，师范生需要会选择、使用甚至创新适合学生发展的教学法。教学法知识是整合信息技术的教学法的基础。同时，学科发展的要求需要师范生具备学科的教学法知识。

在具备教学观、教学法知识的基础上，师范生还需要具备整合信息技术的教学法知识，能够搜寻、选择与使用契合自己教学的信息技术资源与工具。这需要师范生具备主动探索信息技术资源与工具的意愿，获取这些资源与工具的能力，批判性地选择信息技术资源与工具的思维，创造性地使用这些资源与工具设计实施发展教学与进行评价的能力，从而促进学生的发展，这也是整合信息技术的教学法知识的核心内涵。

3. 信息化教学外部条件

具备了教学观与整合信息技术的教学法知识，意味着师范生具备了信息化教学的能力，但是信息化教学行为的发生还有赖于信息化教学外部条件，包括信息化教学的设施以及信息化教学的人员支持与文化支持三个方面的条件。部分具备信息化教学意愿的师范生无法在实习中实施促进学生发展的教学，原因便是缺乏信息化教学设施（移动设备不被允许使用），缺乏指向核心素养的组织文化（应试氛围浓厚），部分实施了信息化教学行为的师范生也提到了技术支持与教学团队支持的重要性。信息化教学本质上是一种教学的变革与创新，需要大量的时间与精力，如果外部条件不充分，除了少数特别有变革精神的先锋外，大部分师范生还是无法实现信息化教学常态化、可持续的发展。

综上所述，教学观、整合信息技术的教学法知识与信息化教学外部条件分别从理念、能力与条件三个方面构成了师范生信息化教学得以实现的三要素，师范生信息化教学的发生有赖于三个要素的共同作用。

（二）信息化教学三要素的影响源

在信息化教学三要素中，信息化教学外部条件属于实习学校的因素，不在师范大学的系统之内，因此对于师范大学而言，最关键的便是如何培养师范生的教学观与整合信息技术的教学法知识。

1. 言行合一的教学示范

比起教学内容，教师的教学行为会对师范生的教学观与教学法知识产生更大的影响。

无论是教育心理类课程、学科教学法课程、信息化教学类课程，还是学科专业课程，对师范生教学观、教学法知识、教学行为影响较大的是课程教师的具体教学行为，而非教师教授的理论，即身教重于言传。如果教师的教学行为与教授的理论一致，就能够促进师范生对于这些理论的理解并在条件合适的时候应用到自己的教学中；而若教师的教学行为与教授的理论不一致，师范生就会认为这些知识只是不切实际的理论，便降低了在自己的教学中尝试实施的意愿。比如，A教师告诉师范生要在教学中促进学生的发展，但如自己的教学行为基本是灌输式的，师范生可能认为促进学生的发展只是一种理想的理论（影响教学观的形成），或者有些师范生认同这种理论，但是不知道应该如何在教学中发展学生（影响教学法知识的获得）。又如，B教师告诉师范生信息技术能够变革教学，但在多屏互动的智慧教室，该教师只是将这些设备用来播放PPT，还是采用满堂灌的教学方法，师范生就可能对信息技术变革教学的作用产生怀疑（影响信息化教学的感知有用性），或者认同这种理念，但不知道如何通过信息技术变革教学（影响整合信息技术的教学法知识的获得）。

师范生在信息化教学意愿与能力上普遍较高原因之一是获得了丰富优质信息化教学体验，因为他们真正体验了信息技术对于教学的促进作用，亲身经历了教师如何通过信息技术促进教学，而不是仅学习了信息化教学的理论与知识。

然而，身教重于言传并不意味着系统地学习信息化教学知识不重要，而是指教师的教学行为必须符合教师教授给师范生的信息化教学理论知识，这才是促进师范生信息化教学能力发展较优的方案，只有理论而没有相应的行为示范，只是纸上谈兵，只有行为示范而没有系统地学习相关的知识，完全依赖师范生自己在信息化教学体验与实践中去顿悟、归纳从而构建自己的信息化教学知识体系，缺乏了教师的引领与支持作用，所需时间更长。

2.课程与评价的"教学取向"

从对高校的分析中可以发现，同样是一门通用信息化教学课程，师范生反响却截然不同。有的认为该课程实用性不高，有的认为通用信息化教学课程过于理论化，有的认为Flash制作复杂，教学相关性低，使用的可能性不高。高校通用信息化教学课程的教学内容并未涉及技术难度较高的信息技术学习，主要是思维导图制作、PPT制作与数字故事制作，但是得到了师范生的肯定，原因在于该课程教师能够从教学的角度出发，教学内容更多的是围绕信息技术与教学的契合点，让师范生切身体验到信息技术对教学的促进作用。

可见，通用信息化教学课程能否促进师范生信息化教学能力的发展，有赖于课程的教学内容与教学策略，而通用信息化教学课程的教学内容与教学策略又在很大程度上受课程授课教师对该课程定位的影响。通用信息化教学课程的授课教师有技术取向型与教学取向型两种类型，一部分教师属于技术取向型教师，存在重技术弱教学的倾向，对中小学教学缺乏了解，对于信息化教学能力的理解偏重于掌握某些教育信息技术的技能，而非通过信息技术促进教学与学生的发展。

倘若仅教授师范生如何使用一种信息技术的技能，可能在他们毕业工作时，这种技术就已经被淘汰了。而如果注重师范生信息化教学态度、意识、思维与能力的培养，那么未来他们面对新的信息技术时，也能判断这些新技术是否适合自己的教学，是否适合自己的学生，是否有潜在的负面作用，如何使用才能促进自己的教学与学生的学习与核心素养的发展，从而选择合适的信息技术支持教学以及学生的发展。

鉴于此，对于通用信息化教学课程的定位需要秉承"技术支持教学"的取向，将课程目标的重点落在如何通过信息技术支持教学，特别是如何通过信息技术促进学生的发展，而非单纯掌握某种信息技术的使用技能。

因此，无论是通用信息化教学课程，还是学科信息化教学课程，都应避免纯技术操作的教学，而注重信息技术与教学的结合，形成"教学取向"的课程教学内容，采用技术支持教学的教学策略。

同时，师范生信息化教学能力的评价必须以"教学取向"的理念为指导，无论是信息化课程的评价、信息化教学比赛的评价标准，还是更高层面的毕业要求或者资格证书要求，都应该重点考察师范生运用信息技术支持教学的能力，是否能够选择合适的信息技术支持教学的发展，是否在信息化教学过程中具备批判性思维与创新能力，而非使用某项信息技术的技能熟练程度，这样才能通过评价导向的改变引导师范生形成信息教学观。

3.实习对信息化教学认知影响较大

教育实习期间的经历对师范生的信息化教学认知与意愿产生了较大的影响，主要体现在以下三个方面：

（1）信息化教学以促进知识传递为主

一方面，部分师范生巩固了通过信息化教学促进知识传递的理解。这类师范生所在的实习学校基本上使用信息化教学促进知识传递，师范生在这样的环境下强化了对于信息化教学促进知识传递的认同，更加倾向使用信息化教学来促进知识的传递，对于通过信息化教学促进学生发展的意愿较低。

另一方面，部分师范生信息化教学意愿与实习行为不一致。到高中部实习的师范生在看到信息化教学趋势的同时，看到了中学应试氛围以及对于移动设施的限制使得移动教学的应用很难实现，因此降低了他们使用移动设施进行教学的意愿。从中也可以看出，实习学校的育人理念与教学氛围这些外部条件对于师范生具体的信息化教学行为会产生重要的影响。

（2）师范生的经历差异较大

一方面，部分师范生发展了通过信息化教学促进学生核心素养发展的能力。在实习的时候了解了翻转课堂的教学模式，并进行了实践，提升了通过信息化教学促进学生发展的能力，巩固了主动探索信息化教学促进学生发展的意愿。

另一方面，部分师范生反而因此巩固了传统的以促进知识传递为主的教学观。有的实习学校鼓励教师进行信息化教学探索实践，采用翻转课堂的模式，但是有的师范生因为负面的体验否定了翻转课堂，巩固了传统的教学观。可见，即便在有新型信息化教学模式的学校，师范生同样可能得到不利于信息化教学意愿与能力的体验。因此，师范生在实习期间需要获得及时的支持，才能在面对信息化教学的困惑与逆境时能够坚定信念并探索解决的方案。

（3）实践机会的匮乏影响了师范生信息化教学能力的发展

假设师范生在一个月的实习期中只有两次授课机会，那么这会影响师范生在教学实践中发展信息化教学能力，限制他们尝试实践各种信息化教学模式的机会，在实习期间的信息化教学能力发展十分有限。可见，实习的经历会对师范生信息化教学的意愿与实践产生重要影响，因为这是他们看到的真实的课堂与学校。倘若我们期待将师范生培养成变革基础教育的先锋，就需要在实习前为他们做更多的知识能力储备与心理建设，实习时需要为他们提供更多的、及时的支持。

二、动力源差异启示：多元化的培养路径

分析高校师范生信息化教学能力的理想动力源与实际动力源的差异，可以发现，并不存在放之四海而皆准的动力源，动力源是否能够促进师范生的信息化教

学能力发展，有赖于动力源具体的利益主体的观念、意愿与行为。多方协同综合培养模式的优越性不在于其设置了某门课程或者举办了某个比赛，而在于多元化路径、多元化动力源的培养模式为师范生的信息化教学能力发展提供了多重保障，不会因为某一个动力源失效而失去了发展的机会。

（一）动力源是否有效取决于动力源的利益主体

每一个动力源，无论是通用信息化教学课程、学科信息化教学课程，还是学科专业教师示范，对于师范生的信息化教学能力发展均有正面影响与负面影响的情况存在，主要取决于动力源的利益主体。比如，通用信息化教学课程教师、学科专业教师、信息化教学大赛组织者这些利益主体对于信息化教学的认知和促进师范生信息化教学能力的意愿及其具体的行为。因此，仅依靠设置一门课程，举办一场大赛、组织几次培训并不能保障这门课程、这场比赛、这次培训能促进师范生信息化教学能力的发展，还有赖于具体利益主体是否持有信息化教学能力发展的"教学取向"，是否能为师范生进行优质丰富的信息化教学示范，是否能鼓励多样化的信息化教学模式与创新，而非一刀切的某种信息化教学模式或比赛。师范大学在设置信息化教学能力培养路径时，除了路径的形式之外，更要明确培养取向，衡量相关利益主体的胜任力，同时要为师范生信息化教学能力提供支持。

（二）多方协同的优势在于建立多重保障

鉴于师范生信息化教学能力发展的动力源不在于动力源的具体形式，而在于动力源的承载主体，多方协同的优越性便不在于开设的具体某门课程或组织的某个比赛，而在于培养路径多元化后师范生信息化教学能力的发展获得了多重保障。分析高校的理想动力源与实际动力源的差异，可以发现，有的理想动力源通用信息化教学课程未发挥预期作用，学科信息化教学课程也以发展师范生信息技术技能为主，只是这些技术比通用信息化教学课程的技术更为实用。师范生整体信息化教学意愿较高的实际动力源主要是学科专业教师丰富的信息化教学示范，正因为高校对师范生信息化教学能力的多元化培养路径，才使得在某一个动力源失效时，其他动力源仍然发挥了一定的作用，使得师范生信息化教学能力的发展得到一定的保障。而有的师范生整体信息化教学意愿较低是因为其理想动力源比较单一，主要是通用信息化教学课程，该课程没有发挥预期的作用。因此，单一路径模式下师范生信息化教学能力的发展无法获得充分保障。

鉴于此，若条件允许，师范大学可以在顶层设计中设置培养师范生信息化教学能力的多元路径，为师范生信息化教学能力发展提供多重保障。倘若师范大学受校情限制，无法在顶层设计中设置培养师范生信息化教学能力的多元路径，那么必须充分调研了解各潜在路径的利益主体的信息化教学意愿、能力以及对于师范生信息化教学能力的认知，在此基础上设置最能保障师范生信息化教学能力发展的路径。因此，培养师范生信息化教学能力的动力源设计必须充分情境化，结合校情开展；尽量多元化，建立充分的保障。

第七章 构建高校师范生教学能力提升体系

本章为构建高校师范生教学能力提升体系，共分为三节，分别是构建师范生教学能力提升课程教学体系、构建师范生教学能力提升实践教学体系、构建师范生教学能力提升质量评价体系。

第一节 构建师范生教学能力提升课程教学体系

一、构建师范生教学能力提升课程教学体系的必要性

（一）社会主义核心价值观的需求

培育和践行社会主义核心价值观的着眼点是培养担当民族复兴大任的时代新人，发挥社会主义核心价值观对精神文明创建、精神文化产品创作的生产传播和国民教育的引领有积极作用，强化实践养成、教育引导、制度保障，在社会发展的各方面融入社会主义核心价值观，使其成为人们的情感认同和行为习惯。一个国家、一个民族发展中更基本、更深沉、更持久的力量就是文化自信。一个民族乃至一个国家的灵魂是思想文化。

教师是培养人才的关键人物，教师首先要具备社会主义核心价值观，才能培养出品学兼优的新一代接班人。

（二）深化教育改革的必然要求

想要培养高水平、高素养的学生，授课的教师首先应具有足够的教学能力与专业素养。教师是高等师范院校培养出来的，其具有的教学能力、专业素养除了在学校以学习形式形成外，还受到参加工作后的学习、教书等方面影响。培养新时代高水平、高素养的学生，要从改变高等师范院校的课程开始。

二、师范生教学能力提升课程教学体系的创新

（一）新时代对师范生教学能力提升课程教学体系的要求

百年大计，教育为本；教育大计，教师为本。从习近平总书记在全国教育大会上提出"坚持把教师队伍建设作为基础工作"，到中共中央和国务院颁布实施《关于全面深化新时代教师队伍建设改革的意见》《教师教育振兴行动计划（2018—2022 年）》等一系列重大政策，教师队伍建设在整个教育事业中的重要战略地位得到进一步明确。师范生培养属于教师教育的职前阶段，对师资队伍的建设水平提升起着关键作用。师范生教学能力提升课程教学体系除了要符合一般课程教学体系要求外，还需要回应新时代对教师素质的要求和国家对师范专业建设的引领，依据国家相关重要文件和会议精神明确课程设计理念、培养目标、内容范围、实施路径等。

1. 参照教师专业标准对教师教学能力的要求

为促进教师专业发展，建设高素质教师队伍，2012 年 2 月 10 日，教育部制定和颁布了《幼儿园教师专业标准（试行）》《小学教师专业标准（试行）》《中学教师专业标准（试行）》，对幼儿园和中小学教师需具备的专业素质从专业理念与师德、专业知识和专业能力三个维度作出了全面且系统的描述。师范专业课程教学体系应以培养师范生作为未来教师需具备的教学能力为目标方向，将教师的教学能力逐步分解到课程教学体系目标、课程模块目标和具体课程目标当中，根据目标确定课程内容和教材，选择科学有效的实施方式和路径，制定科学合理的评价制度以检验和保障师范生教学能力的养成。

2. 遵照师范类专业认证"反向设计、正向实施"的思路

2017 年 10 月，教育部印发的《普通高等学校师范类专业认证实施办法（暂行）》标志着在全国范围内师范类专业认证得到广泛推行。师范生培养的核心环节是课程教学体系的设计与实施，专业认证的关键也是课程教学体系的设计与实施。师范类专业认证的"产出导向"理念强调以师范生学习效果为导向，反向设计课程教学体系与教学环节，对照毕业生核心能力素质要求，评价师范类专业人才培养质量，明确师范生学习产出标准，对接社会需求，配置师资队伍和资源条件。按照既定培养方案实施教学，培养学生，这就是正向实施。

专业应遵循"反向设计，正向实施"的基本思路。也就是说，以毕业要求和培养目标为导向，建设逻辑合理、产出导向的课程教学体系，包括明确课程教学体系与毕业要求的关联矩阵，配置足够的软硬件资源，采用匹配的教学内容和教学方法，建立富有成效的质量保障体系等。主要根据专业设计，课程内容、课程实施以及课程评价进行课程设置、课程构建，在明确课程教学体系与毕业要求的关联矩阵后，由授课教师进行二次设计。

（二）师范生教学能力提升课程教学体系的创新方向

基于教师专业标准对基础教育教师素养的要求、师范类专业认证对师范专业建设的引领，以及新师范专业建设的精神导向，新时代的师范专业应以培养复合型、实践型、创新型人才为目标，传统重学科、重学术的课程教学体系已不适用于新型人才的培养，亟须作出深刻的变革。

1. 课程设置理念转型变革

理念的变革是课程改革的起点。新时代背景下，课程理念需要做到以下转型：

（1）从知识性课程向养成性课程转型

教师专业标准的基本理念是"师德为先，学生为本，能力为重，终身学习"，师范类专业认证标准指出，师范生的毕业要求首先要涵盖师德规范和教育情怀，这就要求师范教育要把立德树人摆在首要位置，将社会主义核心价值观的树立贯穿于师范教育的全过程。教师大计，师德为本，师范专业课程要努力让学生在获得知识的同时涵养师德。将知识学习与师德养成深度融合，使传统的知识性课程向养成性课程转型，是新时代师范专业课程教学体系改革的重大课题。养成性课程强调引导学生从自身经验基础和实践体验出发，主动探索和获得知识，在此过程中体悟专业的意义和价值。

（2）从理论性课程向应用性课程转型

师范生的核心素养是教育教学能力。要想有效解决教师教育理论教学与实践应用衔接不畅的问题，真正体现以学生为中心、以能力为本位的教育理念，理论性课程应转型为应用性课程。

应用性课程是指增加和强化实践性教学环节，还要使得课程内容紧密对接基础教育改革发展前沿，课程实施强调以学生为主体，让学生通过探索、体悟的方式获得观念和知识，注重主体多元化、方法质性化、时间过程化的课程评价。

（3）从分科性课程向综合性课程转型

人是具有主观能动性的，教师的工作对象恰恰是具有主动性的人。教育以影响人为目的，是一种非常复杂的活动，教育过程中有众多因素相互作用，其发展具有多样性与不确定性。教育实践情境是多样的、多变的，未来的教师需要有宽广的视野和跨学科思维能力。

因此，师范教育要强调培养师范生的综合素质，注重复合型、应用型人才的培养。综合性课程的学习，不仅有利于消除师范生孤立地看待各门学科知识的现象，形成完整的世界观，还有助于师范生探寻各门学科知识之间的内在联系，以发现新的知识，培养广阔的认知视野，提升知识整合能力，使师范生学会综合性地解决问题，培养综合能力。

2.课程目标基于师范生教学能力

就师范生而言，教学能力提升既是自身全面发展的需要，也是基础教育课程教学改革、学生核心素养发展和未来职业适应的需要。师范生教学能力提升课程教学体系目标的设定，要基于师范生教学能力的提升。

（1）培养师范生教学能力的价值逻辑

培养师范生教学能力是基础教育改革的必然诉求。师范生是未来的教师，是我国未来人才培养的主力军。基础教育改革的关键是课程改革，课程改革最终要由教师去执行。2016年9月，《中国学生发展核心素养》框架正式颁布，标志着以核心素养为导向的新一轮基础教育课程教学改革的开始。培养学生的核心素养，要求从事基础教育的教师首先要具备相应的素养和能力，这是基础教育核心素养课程教学改革对承担未来新型教师培养的师范院校提出的必然要求。作为培养未来师资的高等师范院校，应该正视基础教育课程教学改革的人才需求，注重培养师范生的教学能力，为基础教育课程教学改革提供师资力量。

学生核心素养落实发展的前提是培养师范生的教学能力。《中国学生发展核心素养》明确了学生应具备的社会发展需要和适应终身发展的品格，指出了学生在发展过程中的关键能力，提出了各学段学生发展核心素养体系。拥有一支素质较高、能力较强的师资队伍是培养、落实学生核心素养的首要前提。作为未来的教师，师范生的教学能力直接影响未来学生的核心素养。师范院校必须把提升师范生教学能力作为主要任务，才能形成优秀的教师培养优秀的学生、优秀的学生成为优秀的教师的良性循环。

培养教学能力是师范生未来适应教师职业的关键。随着社会的快速发展，教育需要通过一轮又一轮的变革不断迎接来自各方面的挑战。作为教育主体的教师要具备科学精神、自我发展、实践创新等专业素养，不断提升教育理念，调整培养目标，改变教育教学方式。今天的师范生即为明天的教师，高校的师范专业必须注重培养师范生适应未来教师职业需要的教学能力。

（2）基于教学能力的课程目标制定

师范生的教学能力是高校师范专业人才培养的重要产出标准，因此课程教学体系构建要坚持成果导向，以师范生教学能力提升为目标，在师范生教学能力、专业素养与开设课程之间建立清晰的对应关系，指导课程标准的制定、教材的编写、课程的实施以及学生的发展。基于师范生教学能力，课程目标的制定应强调以师德养成为先，以知识塔基打牢为主，以复合能力锻炼为要。

强调以师德养成为先。近年来，国家颁布一系列关于师资队伍建设的政策文件都突出强调教师要有较高的职业道德素养，摆在第一位的必须是提升教师的职业道德水平、思想政治素养和教育理想信念。在课程目标的要求中，师德养成在培养未来教师的课程教学体系中必须摆在首位，课程内容的全领域、课程实施的全过程必须都要包括师德教育。教师是人类灵魂的工程师，必须用习近平新时代中国特色社会主义思想铸魂育人，帮助师范生扣好教育人生的第一粒扣子，传播主流意识形态，积极引导师范生增强中国特色社会主义道路自信、理论自信、制度自信、文化自信，让师范生心中的真善美品质能够扎根发芽。

强调以知识塔基打牢为主。能力和素质形成的前提和基础就是知识，要重视知识的奠基作用。师范生将来的工作目标是从各方面培养学生，工作对象是具有主体性的、全面发展的学生，因此在学习阶段需要形成更加牢固的教育教学知识和学科知识框架，掌握更加广泛的通识性知识。构建课程教学体系应以知识主体为导向，培养学生形成独特的知识视野，使之能够形成跨越学科界限的思维方式，培养创新型人才，使之既有广博的知识面，又有知识深度。

强调以复合能力锻炼为要。现代教师在教育中扮演的角色越来越专业化、多样化，除了要做好学生思想的引导者、知识的传授者外，还要承担起课程资源的开发者、集体活动的组织者、学生心理健康的指导者、教育的研究者和家校沟通的桥梁等工作。这要求教师不仅具有教学的能力，还要具备班级指导、综合育人、自主学习、反思研究、交流合作等方面的能力。所以，师范生教学能力养成的课程教学体系目标必须关注学生复合能力的培养。

3. 课程内容聚焦实践

目前，在师范生教学能力提升课程教学体系中，除了教育实习、见习等实践课程是在真实的教育情境之中完成的，其他大多数课程均需要在校内课堂教学中完成。课程内容的组织须采取实践取向，让师范生结合真实的实践情境，深入理解和把握理论知识的真谛。

课程内容的传授要结合实践情境。课程内容的传授要注重创设真实的问题情境，借由问题情境将理论知识与教育实践连接起来，引发师范生对教育实践的情感体验，在思考问题、获得知识动力的同时，关注到教育实践的现实，激发为提高基础教育水平而学好专业的责任感，并树立起教书育人、为社会主义建设和发展培养人才的职业理想。

课程内容的理解应基于实践脉络。教育问题是复杂的、多变的，表面上看似相同的现象，因其背后涉及的教育对象特征、学校条件、家庭环境、社会文化、经济水平等方面因素不同，其应对的方式与程序可能截然不同。教育理论期望为复杂多变的教育世界找寻一个唯一的、永恒不变的本质，还期望通过观察、实验和归纳的方法发现教育运行过程中以简驭繁的基本规律，并将其运用于实践。现实使教育理论工作者逐渐认识到，这种教育理论的影响作用是相当有限的，理论至多是一种在有限情境中的有限的理论。这也是学了一大堆理论的师范生在面对教育实践时会手足无措或认为理论无用的原因。因此，我们要重新审视课程内容所蕴含的复杂的实践脉络，将师范生的学习置于复杂的真实实践中，深入理解、辩证地看待所学内容。

课程内容须重视在实践中生产知识。在知识经济时代，知识的生产模式发生了很大改变，新的知识生产模式是由"产业—大学—政府—公民社会"四螺旋动力机制模型推动的新型知识生产方式，相较于大学是知识生产主体不再单一的知识生产模式，知识生产模式强调知识生产是多主体的，知识生产的适应性情境更加完善。师范生不仅可以作为知识的接收者，也可以成为知识的生产者。马克思主义哲学强调，实践是认识的来源，实践是认识发展的动力。师范生不一定要先掌握知识，才能进入实践，也可以先接触实践，通过感知、体悟，在教师的启发引导下思考、提炼生产出"自己的"知识。目前，多数师范专业采取"全程实践"的人才培养模式，实现了理论学习的同时进行实践学习的目标。总之，实现理论与实践的高度融合，需要校内课程重视引领师范生从实践中生产知识，将实践内容有机吸纳进课程内容框架。

4. 课程实施数字化

在新时代，信息技术飞速发展，互联网、多媒体、大数据、人工智能等使我们的教育和学习方式发生了极大的改变。在这个时代，教师要充分利用信息技术工具，教师教育研究要深度融合信息技术，提高教育实效，促进"互联网＋高等教育"新形态的形成，探索实施网络化、智能化、个性化、数字化的教育，通过现代信息技术推动高等教育质量提升，使之实现"变轨超车"。随着在线课程理念的更新和互联网技术的成熟，当前数字化教学模式创新的重要基点是慕课（大规模在线开放课程，MOOC）。基于慕课课程资源的创新性教学模式目前主要包括教师开设翻转课堂、学生直接在慕课平台学习课程、慕课平台与高校合作开办慕课学分课程三种形式。

第一种是教师开设翻转课堂。翻转课堂提倡一种混合式教学与学习模式，与传统教学教师课堂上讲授知识、学生课后完成作业的教学模式不同。它是指学生在课前自学课程内容，通过观看从网上下载的教学微视频、教师事先录制好的或是拓展学习资料，教师在课堂上解答学生在自学过程中遇到的困难、疑问，对学生作业进行订正，使课程内容得到拓展，帮助学生进一步掌握所学知识，内化已有知识，学会运用。基于慕课的翻转课堂也被称为小规模限制性在线课程（Small Private Online Course，简称 SPOC），即教师通过 SPOC 将慕课资源运用到自己的课堂教学中，从而将自己从知识的讲解中解放出来，专注于课堂上的讨论与辅导，提高教学效率，SPOC 被视为慕课发展的新趋势。翻转课堂的意义在于学生课前通过网络学习相关内容，教师在课堂上对于其中难以理解和产生疑惑的问题进行解答。

第二种是学生直接在慕课平台学习课程。当前，绝大多数课程都可以在慕课平台搜索到相应的课程资源，慕课平台有着海量的课程资源，教师可以从中选择课程资源供学生学习，如一些知名院校、权威教师开设的，与自身人才培养目标相一致的课程。

第三种是慕课平台与高校合作开办慕课学分课程。国外现在已经推出完全在线的学分项目，如2013年优达学院（Udacity）宣布与美国佐治亚理工学院（Georgia Institute of Technology）和美国通信巨头 AT & T 合作，正式开发一个在线硕士学分项目。大学完全与慕课平台合作或联合建立慕课平台，将一些优质的教育资源开发成学分课程，除了现有的慕课平台的测试功能外，还可以在期末建立现场的考试制度，以确保课程的质量。

在慕课时代，大学可以建立分级课程教学体系，确保不同类型的课程完成使命。对于那些知识普及型的通识教育课程，完全可以让学生与慕课平台合作开发学分课程，建立慕课学堂提供辅导与测试工作，或在慕课平台上修习课程。对于那些注重能力培养的课程，完全可以将知识点的讲授交由慕课完成，建立基于慕课的翻转课堂，教师则在课上组织讨论，训练学生各方面的能力。对于那些有助于人格养成的课程，特别是经典研读课程，除了借助翻转课堂外，还要实现小班化教学，注重教师和学生面对面的讨论，真正实现言传身教。总之，慕课的发展既对教育提出了挑战，也提供了机会。师范生培养应充分利用慕课资源，创新课程实施新模式。

第二节 构建师范生教学能力提升实践教学体系

实践教学是师范教育培养体系中的重要组成部分。师范生校内的知识学习构成了教学能力的理论基础，而这些知识需要经过教育实践的检验，在不同的教育情境中反复验证，才能内化为个人经验。实践教学为师范生实践性知识的获得提供了条件与可能。实践教学体系的构建使得教育实践活动彼此联系，并在逻辑上实现了师范生实践能力的全面提升。

一、构建师范生教学能力提升实践教学体系的必要性

师范生培养体系中任何一类课程或活动都不是凭空设置的，不管在宏观层面还是微观层面，都有其存在的依据。上至国家教育政策，下至师范生自身的专业发展，都对实践教学的设置提出了要求。

（一）师范专业认证的实践遵循

随着国家对师范生教育实践能力的进一步重视，尤其是自教育部提出在全国范围内开展师范专业认证工作以来，师范院校对师范生教育实践能力的培养与提升达到了前所未有的高度。师范专业认证标准明确提出，师范专业在构建学科教学体系时，应保持教学结构合理完整，将教学理论和专业教育实践联系起来，给予师范专业学生教育实践基地，推进产、学、研一体化进程，以培养师范专业学生师德为主要导向，强化师范专业学生班级教学管理经验。

师范专业重在培养师范生的实践教学与管理能力，如果只是单纯地将所学的教学理论知识应用于教学实践中，就会偏离教育教学的本意。应当为师范生提供教育教学产、学、研一体化的基地和优秀教师教育教学经验讲座，以多种途径培训师范生的教育教学观念。师范专业是以培养优秀教师为目标导向，师范专业应注重开展学科理论和人文理论的综合教学，培养师范生的课堂理论教学能力、课堂沟通、交流与管理能力，探索多元化学科知识输出方式，践行多类型化的教学实践管理方法。良好的师德建设与课堂学风建设是师范专业学生重点学习的内容，现代教育不仅要求教师把理论知识讲好讲透，还要求教师培育师德新风尚，形成良好的学风氛围，这也是师范专业认证标准中"践行师德、学会教学、学会育人、学会发展"四个方面的毕业要求规定。

（二）教师教育课程改革的实践诉求

既然师范专业以培养优秀学科教师为目标导向，就要积极培训师范生的校园教育教学实践能力。教育教学质量的推进，离不开教师师德学风建设与管理，特别是在教育教学改革体系不断深入的当下，各高校师范专业逐渐加强对学生师德学风的培育。师范专业应该及时完善教师教育课程改革，以实践推动师范生综合素质的发展，或是邀请优秀中小学教师开展讲座，或是将师范生分配至各个优秀中小学校进行现场学习。现代教育更加提倡素质教育，学习与践行良好的师德风尚，有助于师范生融入教育教学体系。

（三）师范生专业发展的内在需要

师范生的教育教学能力涵盖范围不应只局限于学科知识的传递，还应将课前理论体系建构、课中知识的多元讲解、课后巩固提升等纳入其中。形成教师与学生间的双向沟通，在坚持学生为主体的原则下，开展多种方式的理论与实践教学，才是教育教学的本意。从教师角度来讲，师范生首先应该学会构思课堂教学模式，整理课堂教学步骤，设置课堂教学方法，完善课堂互动环节的设计，以此强化学生对理论知识的学习兴趣。师范生应该清楚个人在课堂教学中所扮演的角色，主动调节课堂氛围，及时维护班级课堂教学秩序，加强个人师德素养和班级风气的培育。

对于师范专业而言，理论学习与实操训练具有同等重要的地位。在校的各种专业理论课程学习，能够为师范生认识、掌握、认同本专业奠定基础，而成为真正的教师，只有理论知识是远远不够的，实践教学则构筑了校内学习与校外实训之间的桥梁。不同形式的实践活动满足了不同阶段师范生的学习需求，也弥补了理论学习的不足，实现了"做中学"的教育理念。开展实践教学活动，是理论学习的必要补充，是师范生专业发展的内在需要。欲实现这一目的，就需要教育见习、教育实习与教育研习三种实践形式相贯通，并结合其他多种形式的实践活动，共同搭建完备的实践教学体系，从而促进师范生的专业化。

二、师范生教学能力提升实践教学体系的结构

师范专业应该明确课程实践的关联性，让师范专业学生理解师范课程理论知识的要义。师范专业课程设置的方向，应该做到培养师范生的学科理论素养与教学素养，坚持师范专业认证标准，使师范生能够在教学理论与教学实践中强化对教师的职业认同，把握教育教学的责任要求与职业规范。实践教学体系是完善教育教学理论模式的路径。师范课程设置应该明确实践教学内容，在实践教学与管理中树立师范生的角色观。师范生实践教学需体现过程性，即要在师范生的教学实践过程中发现问题所在，帮助师范生强化对教育见习、教育实习与教育研习的认知，在汲取教育教学经验中完善个人教育教学方式，改善教育教学质量。

（一）教育见习

1. 教育见习的性质

教育见习是指师范生在积累了一定的教育教学理论的基础上，进入教育现场，实地感受、观察、体验见习学校的真实教学情形，为教育实习和教育研习做好经验和心理上的准备。它不同于教育实习，教育实习一般是师范生在学完专业课程

与教育类课程之后，在中小学校进行的教育教学实践活动，主要在师范教育的后期进行。而教育见习一般在实习前开展，作为教育实习的先导，侧重于对教育现场的观察和感受，获得有关学校情境的真实体验。在实践中，有些学校采取集中教育见习模式，选择一段时间持续见习；有些学校则采用分散式见习，贯穿于学校学习的前几年。

培养师范生的职业感，加强师范生对教师角色的认知，是设置教育见习的主要目标。师范生职业认同感产生于对教师概念的理解，"教师"一词不仅意味着教授学生理论知识，还要教导学生为人处世的哲理，以师德风尚培育学生良好的人生观、价值观。高校师范专业应该积极完善教育见习的过程性要求，推动师范生形成正确的教学认知，明确教育的主体方向。具体做法包括：充分发挥指导教师的榜样示范作用，让师范专业学生在现场学习指导教师的课程教学，感悟完整的教学过程，理解教育发挥的育人作用。此外，高校应该强化师范生的主动意识，给予师范生充足的见习学习时间，通过制定师范见习制度评价标准，让学生真正地从师范教学见习中受益。

2. 教育见习的管理

教育见习是一门重要的实践课程，绝大多数的师范专业都安排了不同形式的教育见习活动。

高校、地方教育主管部门、实践学校要形成三方联动，协同做好教育见习精细化管理工作。由高校牵头，定期召开实践工作协商会，制订教育见习规章管理和监督制度；重视见习指导教师的遴选，为学生精准配备双导师，组建结构合理的指导教师队伍。在见习过程中，指导教师要深入实践学校，进入各班对师范生进行轮流指导，与班上教师交流学生的见习情况，帮助师范生解决专业上的困惑及实践中的困难。除了个别指导外，指导教师还应定期组织小组研讨活动，引导师范生集中讨论各自的经验和收获，增强实践与理论的联系。

每名见习生都应该严格遵守见习纪律和见习学校的各项规章制度；服从领导，虚心接受双方指导教师的指导；认真做好听课笔记和课后评议工作，填写好教育见习手册；见习结束后，完成一份见习报告。

3. 教育见习的评价

评价是衡量实施主体能力表现的指标，并在实施过程中约束主体的行为规范。

设置教育见习评价，可以规范师范生的学习行为，使师范生的学习过程更有意义。教育见习评价指标应该包括见习目的、见习过程、见习体会、见习报告等，师范生应该自觉践行教育见习规范，正确认识教师在教育教学中的作用，按照教育见习评价指标，在教育见习过程中及时记录总结心得，将优秀教师的教育教学经验记录在册，之后以教育见习报告的形式整理出来，形成教育见习的结果性评价。指导教师要认真审查师范生的教育见习报告，重点检查师范生的教育见习指标完成程度。见习评价的方式主要包括见习作业、阶段反思和见习报告三种类型。

（二）教育实习

1.教育实习的性质

师范教育旨在培养优秀的学科教师，对于师范专业的学生来说，教育实习是检验教育学习成果的主要方法。师范教育理论知识能够给予师范专业学生正确的认知，让师范专业学生懂得如何通过教育传授经验、传授理论，如何通过教育帮助所教授的学生树立正确的价值观、人生观。

教育实习是师范专业学生实现角色转变的关键一环，教育实习将系统性理论与教育教学实践结合起来。在教育实习活动中，师范专业学生将所学理论知识用于实际教学中，并从实际教学中不断总结、反思。有些学者将教育实习定位为一系列实践活动，即包括观摩教师教学、课堂教学实践、承担班主任职责等教育和教学实践活动；还有一种认识是将其界定为一门课程，认为教育实习是教育理论的延伸，通过设定教学环节和教学步骤，安排学生在实际课堂环境中感受教学的氛围。当然，教育实习也可被视为课程学习的延续化，师范专业学生通过教育实习这门课程感悟教育教学的真实性，体会教育教学的职责与意义所在，掌握教育教学的关键有效方法。

综合以上观点，教育实习是将教育理论运用于实际教育教学中，同时以教育教学理论为指导，以校园课堂为实践场所，在课堂教学中形成总结性经验认知，并不断深化对教育教学方式方法的理解、运用的过程。通常来说，师范专业学生进行的教育实习，就是在指导教师的带领下进行的有组织、有选择的实践活动。

学生通过深度融入教育教学全过程，能主动参与、主动观察、主动思考，这一点有效地强化了教育教学实践能力的培养和训练，极大地增进了教师职业感悟和职业认同，提高了职业素养和职业品质，是对师范教育实习模式的突破与创新，也有利于实习学生较好地实现由大学生向教师角色的转变。对于师范专业学生而言，师范教育实习机会是难得和宝贵的，师范专业学生通过实习，能够明白教师在教育教学过程中发挥的作用、承担的职责，能够提前熟悉校园课堂教育教学环境氛围，认识教师与学生之间的关系，清楚师德风尚在教育教学中的重要意义，理解学风建设对构建班级课堂学习氛围的作用。教育实习是师范专业学生由学生走向教师的"必由之路"，是角色转变的推动力，教育实习的目的，就是让师范专业学生强化教师职业认同感，并形成对教师职责的认识与感悟。当然，最重要的一点就是职业观念，师范专业学生唯有通过教育实习，在课堂教学实践与课外家校沟通中将自己卷入真实的教育情境，才能直面突发的各种问题与困境。可以说，教育实习就是教学情境的演变，师范专业学生需要在不断演变的教学情境中思考、总结教育教学经验或方法，在这样一种特定的实践环境和社会环境中获得高度经验化和个人化的实践性知识。

2. 教育实习的管理

教育实习要建立制度化的管理模式，形成教育实习管理和质量监控的相关制度，保障教育实习管理规范有序和教育实习主要环节的质量监控行之有效。首先，要形成由高校、实习学校与当地教育行政主管部门组成的实习管理监督机制，制定规范的教育实习管理制度。其次，在内部管理上加强高校和实习学校导师的培训与监督，挑选优秀的指导教师，规范指导教师的职责范围，通过集中培训的研讨方式提高指导教师的指导水平。最后，要建设网络化教育实习平台，为师范生实习提供丰富且有针对性的实习资源，将线下实习与线上互动结合起来，促使教师实习管理规范化和自动化；对于师范生而言，则要建立常规化的管理监督机制，如日常考评与请假制度。另外，教育实践考核评定标准具体明确，能够使师范专业学生在教育实习过程中明确自身师德体验、教学实践、班级管理实践、教研实践等能力的达成情况。

3. 教育实习的评价

只有形成良性的教育实习评价反馈机制，才能保证实习效果的发挥与改良。要建立多元评价主体，彰显科学评价理念。根据教育实习评价的需要，选择合适的评价主体，或多主体参与共同完成评价。一般实习评价采用自我评价，同伴评价、中小学（幼儿园）指导教师及高校带队教师综合评价方式，使评价结果更加符合实际情况；可以开发教学演示评价表、整体性表现评价表、实习生自我评价表、实习同伴观察表等具体且可操作的评价工具；还可以优化教育实习课程评价实施，推广多样化评价方法；通过内部自我评价与外部他人评价相结合的方法，形成内部自我评价与外部他人评价的整合体系；评价内容不仅包含备课讲课、班级管理等能力，还包括考勤表、学习心得笔记、听课记录、观察日记、教案设计、教学录像、教学研究小论文等内容。此外，还要注重对实习生师德师风的考察。

（三）教育研习

1. 教育研习的性质

《教师教育课程标准（试行）》指出，师范生应该具有研究教育实践的经历与体验，要在教育实习过程中形成经验性反思与总结，从中找出教育实习的不足之处，将不足之处记录在册，之后与指导教师进行交流探讨。同时，师范生可以通过参加研究性活动或讲座，从中探寻教育教学的实际经验。新师范教育背景下，教师不再只是课程的忠实执行者，不仅要学会"如何教"，还要善于在改革和传统矛盾中发现并研究新问题，成为课程的开发者、研究者。为了实现教师角色转换的要求，师范生培养必须改变过去"重技能、轻研究"的人才培养模式，强化师范生在实践过程中的研究能力。教育研习就是为了适应这一要求而设置的一种教育实践类课程。

师范生需要对实习阶段总结的经验、问题进行分析，依据现有的学科理论知识研究问题出现的原因，找出该经验出现的规律或来源，通过学科理论知识解决实践认知难题，这就是教育研习。教育研习可以提升个人的教育教学能力，加强师范生自身教育教学专业素养。教育研习从本质上说是以实践为基础的学习活动，建立在真实的教育教学情境中，强调在实践中发现问题、解决问题，其基本原则是"在实践中研究，在研究中实践"。

2. 教育研习的管理

师范生需要践行教育研习的要求，在教育研习过程中解决教育实习中的问题，明确教育教学的本质，树立对教育教学的职业认同感，在教育教学管理过程中增强教学方法、教学手段的适应性。

为了保障教育研习活动的顺利开展，以专题研究项目为主的研习活动中，高校要为师范生配备专业教师为其合理选题、完成开题报告、开展调研过程、撰写研究报告等环节提供系统性指导；采取边实践边研讨的研习方式，要求高校指导教师在师范生教育见习、实习过程中加强与学生的交流与沟通，通过个别或小组集中研讨及时解决师范生的困惑。师范生要在实践活动中认真观察记录，时常反思，学会运用所学专业知识、教育学知识、心理学知识等解释各种教育现象，学习科学的研究方法，遵循科学研究规范，实地考察、多方调研，为解决基础教育实际问题贡献自己的方案和智慧。

3. 教育研习的评价

对教育研习的评价也要依据一般的教育评价原则。过程性评价与结果性评价相结合，既要考察师范生平时的观察记录与分析、教育随笔、实践日志等过程性资料，也要注重课题研究报告的质量，即该报告是否反映实践当中的真实问题，是否采取科学的研究范式，是否体现理论与实践的结合等。

（四）其他教育实践活动

教育见习、教育实习与教育研习是师范生培养实践教学体系中最基础的三种实践形式。无论各高校各专业具体情况存在多大差异，师范生实践知识与能力的建构都要通过这三种方式实现，即使在实际方案中具体做法不同，宗旨和方向也基本一致。当然，教育见习、教育实习与教育研习并非从头至尾贯穿于师范生的学习生涯，实践教学总体目标的达成也需要这三种形式与其他实践活动有机融合，最终构成完整的实践教学体系。在具体的实施中，其他教育实践活动的途径多种多样，下面列举比较常见的几种做法。

1. 专业能力实训

良好的教师职业能力是教育教学工作顺利进行的基本保证，是教师的教育影响引起学生积极反应的重要条件，是教师的教育教学活动取得教育实际价值的重要前提。

教师职业能力的形成离不开有计划、有组织的专门训练。师范生培养的专业能力训练，包括通用能力和专业能力。通用能力主要指"三字一话"、教学设计、课件制作、讲课、说课等能力，是每一位教师必备的基本功。通用能力具有很强的实践性，必须经过反复的实践训练才能达到质的飞跃，一般从师范生入学后就分阶段进行训练。专业能力主要体现各专业的专业特色，如学前教育专业要夯实弹、唱、跳、画、说、演等能力基础。为了检验师范生的训练效果，学校每学期均应安排相应的基本功测试，并要求师范生必须达到相应的合格水平才能毕业。

2. 课程实践教学

实践教学不仅包括让师范生走出课堂，采取参观、实地亲身考察与调研的方式进行实践教学活动，还包括基于课内课程教学的实践方式。课程实践教学是第一课堂的有机组成部分，它和理论教学都是课堂教学不可或缺的部分，且相对于理论教学而言，它更加凸显师范生的主动性。师范专业课程中的大多数课程是富含实践性内涵的，在基本理论教育的基础上，设置与教学内容密切相关的实践主题，以师范生主动参与和体验为基本形式，理论课程教学结合实践活动，采取灵活多样的教学形式，如线上线下混合式教学、翻转课堂等，还可以实施微格教学、案例观摩、试讲试教等。其中，微格教学是重要的课程实训方法。这一课程实训方法旨在培养师范生的"课前"准备能力，根据准备的教学知识进行现场模拟教学，以此锻炼个人心理素质，该课程实训依据固有的教育教学理论，将现代科技手段运用其中。这种实践方式作为教育实习的先导环节，能够在师范生正式进入真实的教育场景前提前演练教学，不断打磨师范生的教育教学技巧和课堂掌控能力。课程实践教学要打破过去重视理论讲解而轻视实践教学的做法，在教学目标、教学内容、教学方法和教学评价等环节突出实践能力取向。课程实践教学的主体是师范生，故课程实践教学活动内容应与师范生的教学能力相匹配，并且不能偏离课程实践教学大纲的具体要求。在具体实践中，指导教师需及时与师范生进行沟通、交流，了解其具体情况，从中找出师范生实践共性问题，根据实践共性问题找出改进对策，并将这一改进对策作为实践教学大纲完善的指导依据，由此推动师范教育教学质量的发展和进步。

3. 综合（社会）实践活动

综合（社会）实践活动是全面提高大学生思想道德素质、科学文化素质，促进教育教学改革，推动高等教育为经济文化建设服务的重要措施，已成为高校思想政治教育工作的重要组成部分。

综合（社会）实践活动需要校园力量的广泛参与，如果仅依靠共青团组织开展相应的实践活动，师范生所学的理论与实践结合的效率将不会得到提高。因此，唯有社会力量、校园力量和组织力量的共同结合才能提升师范生的实践应用能力。

师范生参与教育教学实践活动的过程是教育教学专业素养不断提升的过程，也是适应教师角色的过程，更是理解教师社会责任感与教育教学使命感的过程。

师范教育课程体系范围内的综合（社会）实践，旨在增强师范生的师生转化意识，也就是从师范生这一学生角色转变为教师这一社会角色，完善师范生作为教师的职业观。

社会实践教学主要被安排在节假日进行，有小社会实践教学和大社会实践教学两种形式。前一种实践教学形式主要围绕课余时间进行，师范生是主要参与对象，定期开展的社团交流活动或者是校园大赛活动都是这一实践教学的主要内容，师范生通过参加这些实践教学活动，能够找出教育教学理论与模拟教学实践的不足之处。后一种实践教学形式主要围绕校园以外的场所进行，师范生同样是主要参与对象，往往在社区小课班或者是社区兴趣教学基地等场所开展，师范生可以通过公益教学，或者是免费的科普宣传活动，从中体验教学的氛围，同时要将这些感受记录在册，回到校园后与指导教师进行交流讨论，这些可以帮助师范生改进教育教学中的不足之处，提高教育实习阶段的能力水平和专业素养。

综上所述，完整的实践教学体系是以教育见习、教育实习、教育研习为基础，融合其他多种形式的教育实践活动的实践综合体。该体系的每个部分是相对独立的，各部分都有其独立的定位和价值，但最大化实现各种实践形式的功能还需要多方发挥联动作用。

需要从横向与纵向两个维度构建实践教学体系。横向联结，即从各实践方式的内容上建立联系。师范生需通过观察、学习、记录优秀教师的教学经验，并将其作为教育实习的方法，促进教育实习的可行性开展。通过前期的教育见习，师范生对教育现场建立了直观感受，但要想能够相对独立地组织与实施教学管理工作，则需要经过教育实习的磨炼，同时为教育研习问题的产生提供源泉。

教育研习旨在促进师范生教学研究能力与反思能力的初步形成和发展，研究问题来源于实践，最终也回到实践。教育见习和实习为教育研习提供了解决"真问题"的绝佳场所，教育研习中对问题的解决方案也要回归到教育见习和实习中进行验证。师范生的实践能力不是一蹴而就的，需要在教学中经历观察、参与和实践的过程来培养和提升。纵向联结，即从时间维度上实现前后衔接。各实践教学方式并非独立发挥其价值，而是要基于师范生的专业学习进度合理安排各种方式的实现形式，从而起到整体效益大于部分的效果。

除了在内容上构建联系外，时间维度上也要体现全程性、一贯性、渐进性的特点，要循序渐进地推进一系列实践环节。

如大学一年级主要进行校内的技能训练，夯实基本的说、写、唱、跳、画等基础；大学二年级随着专业基础课程的开展，一方面进行课内实践，如案例教学、模拟授课，另一方面进入中小学、幼儿园进行短期的教育见习，以观摩为主，主要熟悉与课程相关的实践领域；大学三年级，随着专业课程的深入学习，师范生需要更多的实践锻炼机会，可开展连续性教育见习与阶段性教育实习，安排专业导师全程指导；大学四年级则以师范生自主实习为主，师范生可结合自己的就业方向选择适宜的学校进行实习；在寒暑假期间，师范生可根据自己的专业特长和兴趣方向开展社会实践，如为留守儿童提供学业帮扶，增强自身的社会责任感。

可以看出，各实践方式的难度、时长以及对师范生能力的要求都在逐步提升，最终进入真正的实战演练阶段。

第三节 构建师范生教学能力提升质量评价体系

一、构建师范生教学能力提升质量评价体系的原则

（一）系统性原则

构建评价体系，要综合纳入师范生的素质和能力。师范生需要系统学习教育理论知识，并将其综合运用于教育教学实践中，这就对师范生的素质和能力提出了要求。为此，高校教师应该系统设计评价指标，构建全过程的评价环节，综合考量师范生的能力素质。

（二）科学性原则

评价指标应该具有实际可靠性，即指标的确定应该反映师范生的知识能力素养并融入高校师范专业学生的培养理念。评价指标应该具备独立客观的特点，其确立应该突出评价内容的科学性与公正性。

（三）岗位导向原则

师范教育专业旨在培养师范生的实践教学能力，即师范生应该能够通过系统学习教育理论知识，在教育教学实习中理解并掌握教师教学的核心要义，能够树立承担教师职责的信心。因此，评价指标要综合反映师范生的岗位适应能力。

（四）持续创新原则

随着教育教学的不断发展，教育事业对教师的职业能力要求也越来越严格。因此，师范生评价指标也应该实时完善推进。评价指标能够作为师范生在教育教学实践中的行为规范，帮助师范生树立正确的教育教学观念，这就要求评价指标及时纳入新的依据，确立评价指标的过程性理念、原则，完善评价指标体系。

二、构成师范生教学能力提升质量评价体系的要素

（一）评价主体

现代教育教学质量的改善，推动了评价主体的多元化发展。传统的评价主体，以高校教学管理部门考评为主，以教师教学评价为辅，学生则是评价的对象，评价指标建立在学生对理论知识的掌握程度上。对于师范专业的学生来说，学习教学理论知识只是前提基础，认真完成教学实践才是最终目的。为此，应该改变传统的单一评价体系，向着多元评价体系建构发展。

新时代背景下，培养一名具有教学能力的师范生的过程包括多种多样的教学环节，如课程教学和实践等，师范生的教育实习水平成为评价指标的关键。师范生既是高校师范专业重点培育的对象，又是社会中小学校园关注的重点。随着教育教学体系的发展，各中小学教育主管部门越来越重视对师范生的评价，这些主管部门会参考师范生在高校的学习情况，以及在校园实习任教的情况。中小学教育主管部门会认真听取带队教师的意见，考察师范生在实习任教时的教学质量，还会定期开展师范生教师评比，分为学生评比以及班级带队教师评比两种，由此系统性地总结师范生实习任教的水平。除此之外，中小学教育主管部门会根据对应的评比情况，对师范生实习任教做出岗位胜任能力的判断，根据评价指标综合

选取教学质量优秀、教师素养水平高的师范生，这一评价指标能够促进师范生在实习任教时形成正确的态度和良好的素养，推动自身能力的发展。

（二）评价对象与评价指标

1. 基本条件评价

培养师范生应当明确培养的基本条件，包括以何种目标培养师范生，具体的培养流程和环节都有哪些，以及可供选择的实习学校有多少等。

在实验实训设备及场地条件方面，评价指标应考虑培养院校的实验、实训室的建设是否满足培养的需要，师范生实习数量应该与合作实习的学校要求相匹配，并且能够用于指导学校主干学科与文理学科的教学。师范生应该满足相应的素养要求，即能够指导学生自主学习，帮助学生培养非学科专业兴趣，满足素质教育的要求。师范生教育实习质量的依据，就是学生专业理论素养的提升情况，以及学生良好的课堂素养能力情况，师范生教育实习质量关乎实习所在学校的教育质量。评价指标应该将师范生实习的能力纳入进来。此外，合作实习校园需要提供对应的学科岗位，用于师范生教育实习，并且为师范生教育实习提供优秀的带队指导教师，用于指导师范生的教育实习能力建设。

2. 注重过程的质量评价

师范生需要以学科理论为指导，以实践教学为动力。高校师范专业应该完善课程设置，布局结构清晰的教学体系，将学科理论与实践教学系统衔接起来，及时巩固师范生的理论学习成果。因此，培养过程的质量评价重在考核师范专业课程体系建设，高校师范专业教师与管理者需及时调整课程教学方向与内容，根据教学需要设置教学课程。具体来看，根据评价指标设置课程教学体系，应综合考虑师范生的学科素养与能力水平，按照层层递进的思路，合理设计课程教学计划，系统布局课程教学环节，将理论知识的传输与过程性实践衔接起来，增强师范生的理论实践教学应用能力，培养师范生对教育见习、教育实习与教育研习全过程的理解能力，要把师范生教育实习作为评价指标的重点，在教育实习中提升师范生对理论转化的能力，形成良好的理论专业素养。

3. 输出结果的质量评价

评价指标需要反映师范生的全过程结果。所谓全过程结果，是指师范生对教育教学理论学习的理解程度，对教育教学实践过程的导向认知，对合作实习学校选用情况的考察等。全过程结果输出的是师范生的"个人成绩",是学科指导教师与合作实习学校对师范生个人做出的评价。评价指标包括师范生学科理论成绩、教育实习能力、教师职业素养,评价人要将这些结果反馈给带队教师及师范生本人。

(三)评价方法

评价师范生的指标需要具备合理性,合理性源自评价方法的综合性。也就是说,评价指标不应该过于单一,而是要立足全过程,以多元化的视角考察师范生的个人能力。在采用综合评价方法时,首先,确定选收的评价指标,明确评价指标的评价依据。其次,要根据层次分析等方法确定权重系数,根据权重系数完善评价指标体系,优化评价方法。合理的权重分配是对评价指标体系进行综合评价的关键,评价指标权重的确定直接影响综合评价结果。

从实践角度来看,师范生的理论笔试成绩仅是反映其理论掌握程度的指标。由于评价指标考察的关键是个人实践能力,故高校需要在师范生教育实习过程中考察其专业素养。此外,高校还可以通过举办校园实践大赛的方式,观察师范生在模拟教学过程中的表现,包括在赛前模拟教学的准备情况,由模拟教学比赛评比师范生的专业素养。

三、构建师范生教学能力提升质量评价体系的注意事项

(一)需要关注专业建设情况

高校应该明确师范专业课程设置,尤其是师范类高校,更应该对师范专业做出系统布局,科学规划师范专业的学科教学内容、课程设置、课时安排等,完善师范教育体系,突出师范教育理论与实践相结合的特点,为师范生实习及完成教师角色的转变打下坚实的基础。

(二)需要关注师资队伍建设

师范教育质量需要以师资为支撑,优秀的师资团队和强大的师资队伍是师范教育质量的保障。高校师范专业的教师应该积极践行教师职业素养,传达优秀的、符合教学实际的教学观。

（三）需要关注教学管理状况

师范生课堂学习情况会影响日后的教育实习水平，如果高校师范专业教师放松对师范生的课堂管理，就会导致师范生教育实习质量降低。故评价指标要确立对师范专业教师的要求程度，加强对师范专业教师课堂教学计划、教学进度等内容的管理。

参考文献

[1] 陈智勇，谢小川.师范生教学能力培养的理论与实践 [M].成都：四川大学出版社，2016.

[2] 张献图.师范生职业生涯规划与教学能力培养研究 [M].西安：陕西科学技术出版社，2022.

[3] 郭英，周磊.师范生综合素质培养的探索 [M].成都：四川大学出版社，2017.

[4] 马建军.师范生整合技术的学科教学知识（TPACK）发展研究 [M].长沙：湖南师范大学出版社，2019.

[5] 马贵俊.核心素养视角下的师范生职前培养研究 [M].北京：北京工业大学出版社，2021.

[6] 丁俊兰.师范生双导师制视域下的教师实践能力提升 [M].长春：吉林人民出版社，2019.

[7] 何李来.高师院校教育类课程教师教学能力发展研究 [M].福州：福建教育出版社，2022.

[8] 王培喜，张炜.师范生教学技能有效培养的实践课程模块研究——基于信息时代的体系创新 [M].武汉：华中师范大学出版社，2017.

[9] 骆鹏，白智宏.师范生教学能力训练系列教材——教师口语能力训练 [M].北京：高等教育出版社，2023.

[10] 唐世纲.师范生教学技能训练与考核研究 [M].成都：西南交通大学出版社，2019.

[11] 徐雪.师范专业认证背景下师范生教学实践能力提升路径研究 [J].当代教研论丛，2023，9（9）：101–104.

[12] 徐星.智能技术赋能卓越师范生培养 华东师范大学：以过程性评价促师范生教学能力提升 [J].上海教育，2023，5（9）：24–25.

[13] 杨光敏，卓春蕊，齐海燕.高校师范生的教学能力提升方式与培养途径研究
[J].明日风尚，2017，12（22）：128.

[14] 郭向萌.微课在高校师范生教学能力培养中的应用研究[J].河南财政税务高
等专科学校学报，2016，30（3）：74-78.

[15] 陈洪雨，张惠丽.基于TPACK框架的师范生线上线下混合教学设计能力培
养研究[J].中国信息技术教育，2023，6（23）：90-94.

[16] 王海燕，袁文萍，李妙兰.核心素养下高职高专学前师范生实践教学能力的
现状和培养策略[J].职业教育，2023，22（32）：55-59.

[17] 黎静芳.师范专业认证视角下师范生的教学能力培养研究——基于OBE教
育理念[J].濮阳职业技术学院学报，2023，36（5）：23-25，30.

[18] 戴亮.地方本科高校师范生教学实践能力培养策略探究[J].贵阳学院学报
（社会科学版），2023，18（3）：108-112.

[19] 孙丽娜，郭佳妮，陈怡博.基于小学期实践教学的师范生教学实践能力提升
研究[J].知识窗（教师版），2023，12（10）：27-29.

[20] 旦增曲扎.小学教育专业师范生学科教学知识及教学能力研究[J].黑龙江科
学，2023，14（19）：121-123.

[21] 林丽菲.师范生移动教学能力培养研究[D].金华：浙江师范大学，2023.

[22] 李媛媛.师范生教育教学能力评价指标体系构建研究[D].重庆：西南大学，
2021.

[23] 尹波.核心素养视域下师范生实践教学能力培养对策研究[D].南充：西华师
范大学，2018.

[24] 田冰蕊.核心素养教育下地方本科院校师范生教学能力培养研究[D].延安：
延安大学，2023.

[25] 陈苏芳.以培养师范生教学设计能力为主线的微型课程设计研究[D].武汉：
华中师范大学，2013.

[26] 张赞.师范生教育教学研究能力的培养改革与探索[D].上海：上海师范大
学，2013.

[27] 白杨.网络环境下培养师范生教育技术能力的案例教学研究[D].重庆：西南
大学，2009.

[28] 彭宇航. 基于《教师教育课程标准》的师范生教育教学能力培养策略研究 [D]. 石家庄：河北师范大学，2015.

[29] 卢维欣. 职前数学教师教学设计能力培养研究 [D]. 曲阜：曲阜师范大学，2014.

[30] 刘晓倩. 高师学生教学实践能力培养问题研究 [D]. 大连：辽宁师范大学，2004.